打通靈性覺醒的
人體空間通道

從能量密室到松果體，轉化高層意識，開啟宇宙智慧！

謝繡竹

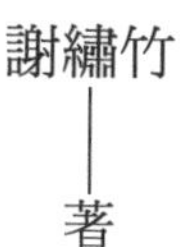

著

JOYFUL LIFE 13

打通靈性覺醒的人體空間通道：
從能量密室到松果體，轉化高層意識，開啟宇宙智慧！

作　　者　謝繡竹
封面設計　林淑慧
特約編輯　洪禎璐
主　　編　劉信宏
總 編 輯　林許文二

出　　版　柿子文化事業有限公司
地　　址　11677臺北市羅斯福路五段158號2樓
業務專線　（02）89314903#15
讀者專線　（02）89314903#9
傳　　真　（02）29319207
郵撥帳號　19822651柿子文化事業有限公司
投稿信箱　editor@persimmonbooks.com.tw
服務信箱　service@persimmonbooks.com.tw

業務行政　鄭淑娟・陳顯中

初版一刷　2021年5月
定　　價　新臺幣350元
I S B N　978-986-5496-02-9

歡迎走進柿子文化網 https://persimmonbooks.com.tw
搜尋 60秒看新世界
～柿子在秋天火紅 文化在書中成熟～

國家圖書館出版品預行編目(CIP)資料

打通靈性覺醒的人體空間通道：從能量密室到松果體，轉化高層意識，開啟宇宙智慧 / 謝繡竹著. -- 一版. -- 臺北市 : 柿子文化事業有限公司, 2021.05
面；　公分. -- (Joyful life ; 13)
ISBN 978-986-5496-02-9(平裝)

1.超心理學 2.靈修

175.9　　110004501

序言／
無字天書的異想世界

我從小就是個科幻迷，國中一年級便開始閱讀各種科幻書籍，諸如外星生命、埃及金字塔之謎、亞特蘭提斯、史前超文明等。我也喜歡在一個人的夜裡，對著夜空放飛思緒，天馬行空的創造想像，靜靜地想著外星人……。

完全不同於其他的小女孩，喜歡把玩具熊和洋娃娃抱在懷裡玩，我反而喜歡沉浸在自我的異想世界裡，幻想著身體裡跑出一個小人來跟我「對話」、談天說地，伴我度過寂寞時光……那是我走向精神世界的起點，直到接觸了修練之後，心底竟冒出了一本「無字天書」。

從這本無字天書裡，我看到內在更高層的意識，尤其發現自己內在小孩的狀態，存在著黑白小孩人影的不同。當我看著這些小孩人影時，就像是在做「空間通靈」，能夠一步一步地帶領我從心與靈魂的融合中進入更高的意識，進而發現我的心、靈魂和更高的意識之間必須要有一個通訊的「空間通道」（從腹部到腦部，詳見後文說明），並且可以藉由這一空間通道安頓身心能量，進而達到萬念歸一心。

我也因此覺悟了，我們應該先理解身心靈不同的意識層次，然後在修練過程中練習對內在動力進行精細化管理的修持，才能逐漸達到萬念歸一心的至高境界，屆時無字天書又會變回空白無字天書。從理解身心靈不同的意識層次，到萬念歸一心，都是在空間通道中發現和進行融合，因此有其必要建構好空間通道，這讓我心裡清楚地浮現出一個念頭：我要成為創立學派的名家。

但在這之前，面對學業和生活中的各種壓力，那些奇異的想像力都被埋藏到我心裡的最底層了。尤其出了社會後，我成為朝九晚五的上班族，變成一個工作狂，早上七點就去公司，直到很晚才離開。每天要跑好幾個工廠跟催生產進度，假日也幾乎都去加班整理報表。然而，即使在當時那樣的環境中工作得很辛苦，不過我表現得很好，也深獲老闆的賞識，到職三個月，便被派遣到韓國、日本出差，增長職能的知識。

只是，我總覺得生命裡缺少了什麼，感覺心靈很空虛。有好幾次，我加班到深夜，拖著疲憊的身子，一到家裡就往沙發上倒下，但天亮醒來，卻發現自己躺在床上，也換了睡衣，而我怎麼也想不起自己是何時起身、如何盥洗的。頓時，我悲從中來，不禁感嘆地想，這就是我要的人生嗎？

有幸的是，我在因緣際會之下學了氣功，發覺氣功對我頗有助益，讓我重拾了健康。我以前有鼻子過敏的問題，只要天氣稍有變化就會打噴嚏、流鼻水，一年到頭也經常感冒，這些毛病都因為練氣功而獲得改善。

身體變好了，心情自然輕鬆許多，這也讓我練出興趣，每天一早醒來，上班前就先站樁一下，晚上臨睡前再做一次站樁，然後靜坐。朋友來訪時，我也會鼓勵大家一起站樁練氣功，等練完後再喝茶聊天。就這樣，隨著練功的進一步深入，我竟開始出現特異功能，可以幫他人調理身體，也因此同道的孩子都叫我「女氣功師」。

因為練了氣功，我那愛幻想的想像力又重新被喚醒，通往直覺和內在引導的微妙能量大門被打開了。某天清晨，我的腦中突然閃現出一隻筆，當時，我的意識不是很清楚，加上專注力不足，那支筆根本不受心念掌控。接下來的幾天，同樣在清晨時，那支筆又出現在我的腦中，只是仍然不為念力所支使。經由持續的專注練習，那支筆才終於隨著我的念力動了起來，它不僅站起來，還開始畫起線條。之後，經歷了一段長時間無意義的隨意塗鴉後，有一天，我放空思緒進入無意識狀態時，那支筆竟然開始寫起字來。之後靜坐時，腦中螢幕上出現字幕的頻率也逐漸變多了。

在我腦中的這一支筆，想傳達什麼訊息呢？

在一次因緣際會中，我聽聞氣功老師有意組織一個動意功理論編寫團隊，但因為老師屬意的首選人物不願意接任而宣告破局。在一旁聽著的我卻怦然心動，暗下決心要朝此目標前進。只是發心容易，持恆難，在那段飽受煎熬的日子裡，我白天上班，晚上推廣動意功，每天該做的事都做完後，往往已經過了深夜十一點，加上久未提筆，不僅連握筆的動作都變得生澀，下筆時更覺得陌生而艱澀，往往呆坐兩小時才擠出幾個字。我的寫作情況始終不順暢，飽受煎熬卻難以貫徹執行大願，有好幾次都在放棄的邊緣徘徊。但是，那支在我腦中的筆卻不停地書畫，拚命想寫出字來，這讓我能夠維持著執行大願的能力和動力。

就這樣，我在一九九四年出版了《智能醫學回照手冊》，又於一九九五年四月出版《智能醫學》季刊，日後更策劃主編一系列書籍。畢竟寫作如同一場馬拉松，獲勝的關鍵不在於瞬間的爆發力，而是途中的堅持。途中可能會遇到許多挑戰及挫折，有時甚至會動搖向前進的意志，也會遇到疲憊、想要放棄的內心糾結。在成為作家之前，我便經歷過許多失敗與挫折，直到我學會聆聽內心的召喚，解讀出沒有文字、沒有圖像的無字天書所表達的含意，才引導我邁向目的地。

影響我最深遠的那本無字天書，雖然只有出現短短一瞬間，但至今仍讓我記憶深刻。

當時是凌晨兩點過後，我的內心感應到有一股神秘的力量從體內爆發出來，在視覺上看到我的腹腔浮現出形如煙霧的書和筆，並向上朝膻中（兩乳頭連線的中點處）部位進行高強度的輻射，最後由膻中送到腦內，緊接著，這書和筆以高清圖像出現在腦中，並逐漸增強放大。

這本書和這支筆改變了我的一生，並且在每段歷程中，當我需要透過與心靈對話，讓身體和自我修復，回到身心平衡放鬆的時候，就會有一股爆發性能量，瞬間轉化成一本無色無味的天書，雖然上面沒有文字，卻可以讓我從絕望中看到重生的希望，以及儲藏的靈性智慧，使我靜下心來，充滿靈感。

更神奇的是，無字天書有時會顯化並轉成有形可見、豐富多變的圖像與文字，就像推背圖那樣。這一幅幅圖像中，似乎是靈性訊息凝結的印記，帶著我穿越時光，進入異次元世界的隧道，重新啟動並轉化DNA，如此層層追溯，挖掘出在心靈底層蟄伏已久的潛意識，同時去探勘深奧不可知的過去與未來。

這時候，我就會想，為什麼出現的是書和筆，而不是其他圖像呢？要如何從「無字天書」中，找到發自內在更高層所反映出來的答案？

這些問題的答案，在我經過三十年的修練後，才顯露出來。無字天書有許多面向，會以各種形式表現出內在更高層的世界，所以儘管上面無文字，但只要我專注凝視著天書，專注於一個問題時，我們內在更高層的世界將會展開，靈感會源源不絕地從心和腦中冒出來。夢想更能藉此實現，也因此，我從氣功師轉而成為身心靈修練作家。

實際上，無字天書是內在更高層意識的運轉，一旦我們能了解它運轉的整個過程，在人體內開闢出一條清晰的空間通道，創造出一條人與宇宙連結的路徑，同時只要你把心願以圖像方式想像出來，無字天書就能把你所想像的一切創造出來，滿足你最深沉的渴望，包括良好的健康、美滿的關係、情緒和心理的穩定、安適的幸福感，以及提升創造力。當無字天書又恢復到純粹白紙的無字天書，這就是萬念融合的至高境界。

透過這個過程，我明白了心能隨順諸法之自然而運作，不靠人的造作，就可以創造好運，增加好運降臨的機率。於是，我有了出這本書的構想。

謝繡竹

目次

第一章

建構空間通道之必要

人體非常奧妙，結構很精密，醫學界迄今還在探索其中的結構與機制，而修練也是探索人體奧妙的一種形式。

儘管修練有千萬門派，每個門派都有自己的獨特之處，都有自己的技能、功法。但我認為，如何從技能、功法中產生滾滾能量，使其具有同步協調性的律動，最後凝聚成一條「空間通道」（從腹部到腦部，詳見後文說明），才是特別值得關注的秘修方法。

在醫學養生或修練路途上，若想要超越自己，更上一層樓，就應該為能量騰出空間。此能量空間的另一個重要作用，就是它的「通道作用」。就像血管是我們營養功能的通道；消化系統也是一個通道，便秘或是有腸道腫瘤的人，消化道下段都被堵住，就不能正常代謝排出廢物；呼吸系統也是一個通道，它是血氧的通道，氧氣進來，二氧化碳出去，此廢物的排出和能量的進入是特別重要的。

為能量騰出空間，象徵著為體內物質、血氣能量信息的輸入與輸出，也就是為身心之間取得了「空間通道」的連結，一旦達到身心同步及諧振，就會像是個穩定和諧的小宇宙，同時也能獲得更多的喜悅和洞察力。

何謂空間通道？

我發現了人體能量密室（子宮、精囊）的位置，有一個與地面平行的「橫向太極S軸」，如果將人體橫坐標軸的中心點校準到縱坐標軸（即橫向太極S軸的中心點直線往上），其相對應的點就是松果體（pineal gland）。如果把這兩個點直接連結起來，就可以建立一條身心靈的空間通道，進而起到約束、收攝、凝聚能量的功效。

這個空間通道可以說是一條靈性覺醒的大道，在陰陽、方圓、縱橫的協同步調交替作用下，予以巧妙的統合，在彼此的矛盾中求得平衡和諧。同時，在這個空間通道中，還涵蓋了人體的肌肉核心群和內分泌系統的八大腺體，如果這個通道順暢通達，我們自然能善巧地運用天生具有的能力、力量、能量和覺察力，藉以達到平衡和諧的境地。

簡單的說，建構好空間通道，也就是貫通密室與大腦松果體之間的通道，最終能開創人與宇宙關係的新路徑，讓潛意識能夠遵循個人的意向指引去行事。

空間通道中的大霹靂

我對空間通道的感悟，來自於無字天書的啟發。

當時，我在靜坐，深入內在空間後，發現分子在空間中隨機撞擊，猶如短暫的「迷你霹靂」，內在空間裡的所有物質就像是一團極熱、超濃的粒子湯，電子、光子及其他的基本粒子散布其間，就像是湯的調味料。構成湯汁的夸克（quark）與膠子（gluon）在其中四處亂竄、互相推擠，彼此不斷進行碰撞，然後在瞬間膨脹爆炸並發熱發光；那發光的樣子就像是閃電，而膨脹爆炸所發出巨大聲響就像是打雷，都會對人體的磁場和能量場形成一定的影響。

那彷彿發生在雲團裡的閃電，形成過程猶如在一個密閉空間中進行焚燒，一下子填充了過多的能量，巨大的煙霧幾乎讓人喘不過氣來。但當你深入內在仔細觀看時，會發現那霧濛濛的深處發出了心跳般的咚咚聲，「轟」的一聲如驚天棒喝，更射出成片光束，那光線從閃電通路中心劈開了一條脈絡清晰的空間通道，並在中宮（空間裡的正中心位置）地帶掀起一股巨大的能量光。

緊接著，上下兩股能量在中焦（橫膈膜以下，肚臍以上的部位）相撞擊，就在能量爆發與閃電交會的瞬間，密室底層竟然出現了一本無字天書。當時我深感震驚，但更好奇那本無字天書要傳達何種智慧和訊息給我。

過了一些時候，我突然興起寫作的念頭。說也奇怪，我一拿起筆，對無字天書的解密就迎刃而解了。

後來，我明白了，這不是在說明天賦潛能與生理、精神層面能量，是共存共榮於這個空間通道嗎？所以，我們必須創造寬闊的空間，藉以增加空間中分子隨機撞擊的機率，在腦部、胸口、腹部再造大霹靂的瞬間，就能內觀到人體內在的這一空間，而其中捲藏了其他空間的維度，藏著另一個世界。

空間通道的起端和目的端

要打開空間通道，就必須有十分明確的定位。

空間通道的起端是「密室」（子宮、精囊），目的端是「松果體」，我們要在兩者之間建立一條通道，並為這條通道創造寬闊的空間。我們只需要在通道兩端的密室和松果體進行修練，讓心和腦與腹部之間的連結更為協調、平衡，就能指引出一條空間通道。

當約束、收攝、凝聚的能量從起點密室的位置，沿著一條道路行進，同時向山頂松果體出發，就代表你已經開始步入這條回歸起端、連結宇宙意識的歷程了。這能夠幫助我們戰勝慣性、不依著習性走，而當生命本能不再受制於人世慣性化的意識型態，並且一次又一次地進行內觀禪修，就能夠發現到，會有一道光從松果體輻射進入密室的方錐形金字塔裡，而我們將因此開悟了。

密室之內有一道又一道門，其中有一個核心處是密室的龍穴，也正是金字塔的所在。對於密室龍穴的探秘，是我修練三十年來最大的考驗，也是我修練上的一大躍進。後來我才知道，龍穴不易探尋的原因，在於密室龍穴不是一個部位或穴位，而是密室裡能量氣流、磁場輻射存在與變化的虛擬空間，是一個跨維度的超時空空間，可以讓我們從人體的秘密，延伸觸及到宇宙的偉大奧秘。這個金字塔的虛擬空間，不是我們自身的修練行為、感受與想法所創造出來的，而是在感官出現之前就已經存在的。

透過領悟與實修並進，我參悟出，當密室能量持續穩定朝上浮升時，它們不斷轉化為如煙似霧的圓圈，目的竟然是要為密室的金字塔打開通往星際之門，也就是通往證悟的直接之道，這樣密室能量就能與宇宙取得連結關係，與此同時，密室的能量也能幫助松果體覺醒、活化。

在我屏氣凝神地觀看過程中的每個小細節時，發現在那個因密室的大霹靂而產生的清晰空間通道裡，會有電磁輻射交流往來。這些電磁輻射就是源自於與宇宙取得連結關係的「粒子加速器」，正是打開天門（百會穴的位置）通往靈性開悟的指引。

這個過程能將信號、能量展頻調變到一個比較寬的頻率範圍上，並為了打開天門連結宇宙意識，開闢出一條清晰的通道，意即在人體內在空間中創造出一條人與宇宙連結的路徑，如此一來，我們就能遵循個人靈性覺醒的天賦本能指引去行事。

於此同時，我也找到了密室龍穴和松果體深刻連結的通道，並建立彼此相互通訊、開發和創造的管道，而能超越既有界限，同時發現它們可以為彼此的訊息加密與解密。無怪乎，當印堂上發出白熾光點時，就容易在內觀修行過程中出現各種各樣來自密室的信息；相同地，密室內信息之門的開啟，往往又會受到松果體的磁場與能量來決定。換言之，密室的開啟也喚醒了松果體。在沒有違反生理自然定律的功能狀態下，我真正領會到松果體的奇蹟，同時修練的進展也邁入另一個階段，即天門開。

但在那之前，我透過修練，還內觀到密室與松果體跟道家的太極陰陽魚有關，也就是說，密室裡存在一個平行於地面的橫向太極S軸，這是腹肌力、人的整體動量，可以維持身心能量的穩定平衡。太極白魚中間的黑眼睛，相當於在輸尿管的位置，黑魚中的白眼睛，則在闌尾的地方。

為什麼我要把密室頻率對準松果體？因為松果體和天門的位置之間，存在一個縱向太極S軸，可以幫助密室到松果體之間的空間通道保持穩定。當橫向太極與縱向太極建立了空間通道，就會形成以螺旋鏈與垂直鏈（參見下一章節）循環為基礎的氣旋，環繞於空間通道中，這同時也是對人體肌肉核心群的訓練，但是對心、靈魂和內在更高的意識來說，亦是它們彼此之間的信息通訊、能量磁場相輻射的一個空間通道。

第二章

建構空間通道的功法

如何才能讓修練努力不懈地精進下去？這可能是很多人心裡想問的問題。凡事都應該建立在基礎之上，否則日後可能要面對更艱難的關卡。所以比努力修練更關鍵的是，如何將密室與大腦松果體連結成一個空間通道，並讓心和腦、腹部同步與諧振，自然就能產生最大的能量，並約束、收攝、凝聚於自己所設定及建構的空間通道內，進而帶動實現身心合一，處於一種舒暢的狀態。

無論是醫學治療、養生方法和修練過程，都要貫穿一個基本的思想——「中樞」概念。所有能量都必須繞著中樞空間通道不停運轉，因此，守住中樞軸，守住空間通道的起端和目的端，使縱坐標軸、橫坐標軸穩定住了，密室能量便能進入活化狀態，先由下而上，再由上而下地運行。

上行走的是任脈經絡中的路線，寬度是任脈左右各寬出兩吋，從會陰向上運動，經過肚臍、膻中，呈螺旋運動地朝向松果體前進，在到達百會時就轉而往下；下行路線走的是經絡脈外空間的路徑，任脈的內壁、脊柱的前方，這股能量會在瞬間從後腦勺以垂直向下墜的態勢，快速流通到後背部，經過大椎（第一塊胸椎骨處）、夾脊（膻中穴正後方）、命門（肚臍正後方）後，再由會陰注入，最終返回密室，如此周而復始進行著循環。

這兩股一上一下循環往復的能量，就是身體核心區域的能量，除了維持能量循環之外，也保持體內的壓力與陰陽平衡，就像地球繞著太陽「公轉」般的「慣性運動」。當螺旋鏈與垂直鏈高速流動形成圓環，並繞著中樞空間通道不停運轉，有了這個慣性力，就代表你已經建構好空間通道。

空間通道就好像是強烈熱帶氣旋中的颱風眼，風眼中心外圍的四面八方均環繞著密集、均勻的氣流，被螺旋鏈與垂直鏈高速流動的能量環繞著。

其實，空間通道本來就存在於人體中，而要將密室與大腦松果體連結成一個空間通道，用意是將能量約束、收攝、緊密地凝聚成一個巨大的循環，以螺旋上升、垂直下沉的形式環繞著空間通道，環繞的能量越濃厚，身體越健康，空間通道的結構就越完善。

此外，空間通道的功法是以密室（子宮、精囊）與大腦松果體的修練為主，能讓八大腺體的荷爾蒙分泌維持平衡，當這些荷爾蒙與神經系統一起調節人體的代謝和生理功能，使其維持正常時，那麼空間通道裡包含的任督二脈、中脈、髓腦就能和合一氣循環。所以，空間通道的功法同時兼具醫學治療、養生方法和修練的功效。

螺旋鏈的功能與作用

1. 維護身體和大腦健康的核心元素

螺旋鏈是身體中央軀幹通道的核心力量，既是力量的來源，也是維護身體和大腦健康的核心元素。若能激發並活化它的原始功用，就可以幫助心和腦、腹部的內部重整並重新獲得平衡，讓身體藉由規律的螺旋鏈與垂直鏈自轉及繞著身體中央軀幹通道公轉的能量，維護身體健康機能，以及心、靈魂和內在更高的意識之間的信息通訊、能量磁場相輻射的空間通道的暢通，同時也可以活化第三眼的潛能，讓人能照見一切可見不可見、有形無形的事物。

2. 可獲得豐沛的心靈能量

以靈性的視角來看，從密室的空間高度，專注探索出一條整合身心靈能量的宏觀路徑，使能量在身體中軸空間通道上暢通流動，可以讓人獲得豐沛的心靈能量，這股暢通的喜悅與感動，會使頭腦裡突然出現新思想的頓悟現象。這能讓人靜心，而且可以很快地恢復體力，對身心都有很好的養生保健作用。從醫學養生角度來看，氣血運行通暢，確保膻中區能量充足，的確能大幅增進人體轉運的效益與功能，這也是使人體物質循環與轉化、能量流動和信息傳遞的基本功能。

不過，當人產生更高、更具活力的頻率時，自然能放下雜念，提高心靈層次，超拔於氾濫橫流的物欲之上，提升到另一個層次。因此，我不會刻意地專注在膻中區的修練，關鍵是設定好一條空間通道，以製造身心靈能量的分流河道自然入海歸源於垂直鏈。如果只知道開鑿，不懂得歸源，就會製造很多渦旋，擾亂自己的心境。

因此，心情不好，能量低落的時候，甚至是面臨選擇與考驗時，我就會重新把意念守在密室，專注於冥想「腹部有一個亮點」（詳見第六章入海探寶方法，第八十七頁）的修行。

雖然我不會立即獲得顯著的感應，但慢慢地就會從密室沿著螺旋鏈揚升起一道靈性之光，為內心帶來啟發與轉變的力量，使我在小小的繭中，靜靜地進行自我蛻變，因而我把密室秘修當作覺醒的起點。

垂直鏈的功能與作用

垂直鏈與螺旋鏈同樣都是身心靈能量，只是運動的形式不同。當螺旋鏈沿著腹部以螺旋上升的形式到達百會時，將轉變成一股垂直下沉的能量運動形式。同時，垂直鏈能量在注入會陰之前，會先在骨盆底肌群進行身心靈能量分流的收攝融合，再返回密室。而這股垂直下沉的能量，可以促進後背部能量的流動與肌肉的放鬆，進而使得中軸空間通道起端的螺旋鏈在上升時的頻率能保持穩定，此即垂直鏈的功能與作用。

螺旋鏈與垂直鏈的互動關係

它們彼此是一個相互連結循環共同體的推動者，在兩者壓力均衡的情況下，能夠促進循環。

現代人經常久坐，容易出現腰背痠痛的原因，就是骨盆底肌群沒有力量維持身心能量的穩定平衡。如果能加強密室橫向太極S軸的骨盆底肌群，就可使人的整體動力能量穩固，後背壓力自然能獲得放鬆。當垂直鏈能量垂直向下墜並快速流通後背部，經過命門後再由會陰注入之時，從密室下方返回的形式，是一股螺旋向上運動的力量，會加強密室橫向太極S軸的骨盆底肌群的動力，進而強化彼此間的連結。

在運動狀態下的螺旋鏈，若是上方沒有受到阻礙，就會具有向上牽拉的力量，在體內上升到達百會時，這些能量就會自然地垂直向下流動，從肩頸延伸至後背，並持續地快速往命門流動。這股流動性具有一定的動力，垂直向下流動的能量會順勢注入會陰，從密室下方返回為向上運動的螺旋鏈能量。這說明了，螺旋鏈與垂直鏈是身體內部存在的、大小相等的反作用力，保持了身體一定的壓力均衡。因此，掌握了這個壓力循環效能，使螺旋鏈與垂直鏈能高速流動環繞著空間通道，就是建構好了空間通道。

在這個學習修練的過程中，我深刻領悟到肺與腎會影響身體保持一定的壓力均衡，因為肺與腎是螺旋鏈與垂直鏈相互轉換及促進之處，也分別屬於核心肌肉群上下兩端的呼吸肌群與骨盆底肌群。

螺旋鏈與垂直鏈的醫學能量

從能量角度來看，螺旋鏈就像是能量的漩渦，環繞著我們的任脈向上，而兩肺位居螺旋鏈條上方，相當於呼吸肌群。當肺部壓力太大，承受過多風寒濕燥暑之邪氣的壓力（也就是俗稱的上火），這時能量會積聚，然後螺旋鏈的運轉速度就會慢慢降下來，造成螺旋鏈動力不足，使得螺旋鏈能量無法繞著身體中軸空間通道運轉，無法為身體提供穩定與力量，同時也會間接影響垂直鏈向下流動的動力，螺旋鏈與垂直鏈之間的連結能力就會降低了。

現代人不論工作或在家，都是長時間坐著又缺乏運動的生活型態，以至於造成垂直鏈在後背部的流動速度緩慢，缺乏垂直鏈能量流動性帶來的動力，使得腰背部疼痛，然後又因為橫向太極S軸的骨盆底肌群缺乏動力，連帶間接影響螺旋鏈向上環繞的力度。

所以，不管是螺旋鏈向上運動，或是垂直鏈在後背部的流動速度趨緩下來，都會造成呼吸肌群、骨盆底肌群動力不足。在此情況下，我們可以強化兩肺細胞的活力和開（吐）合（吞）頻率，就能排除肺部因風寒濕燥暑之邪氣所造成的能量積聚問題，而當螺旋鏈條上方壓力降低了，自然就能提升螺旋鏈向上運轉的速度。或者，你也可以選擇減輕腰背部壓力的方式，具體方法是強化兩腎細胞的活力和開（吐）合（吞）頻率，借力使力，藉助在後背部流動的垂直鏈能量，讓這股能量順勢循尾閭（尾骨末端與肛門之間）前進，從會陰返回到密室時，自然會成為螺旋鏈向上運動的一股動力。

只要呼吸肌群、骨盆底肌群的其中一方，能夠使人體核心比較能出力，自然可以在核心肌肉群的上端、能量出口的前方，刺激螺旋鏈從起端（密室）加速向上環繞的速度，或者在核心肌肉群的下端、能量入口的前方，刺激垂直鏈從目的端（松果體）加速向下流動的動力，也就是從上端刺激密室，從下端刺激松果體，只要啟動起端或目的端的任何一方，都能幫助兩端之間的連結能力。

因此，在靜坐時，我們通常傾向保持上焦（心肺頭）清明，以確保氣血能量流通，就能夠維持高頻、純淨與清澈的狀態，更有益於靜坐境界的提升。所以，靜心不是單純的鍛鍊心就足夠，應該從密室的空間高度，專注探索出一條與松果體共生息的一條路徑，以強化螺旋鏈與垂直鏈的能量循環和互動關係。同時，無論治病、養生、修練，都要讓身體的能量運行形成一個慣性運動，而能規律地環繞著任脈向上、後背部下行。有了螺旋鏈與垂直鏈慣性作用所凝聚的力量，自然能獲得內心清靜、心靈的開竅。

在練習方法上，有站樁法，也有靜坐冥想法。以下先介紹站樁法。

再造乾坤功法之動功

再造乾坤的「陽氣歸天」與「引陽入陰」這兩個站樁法，可以組合起來或拆開來單獨練習，也沒有先後練習上的順序，以及練習時間的限定。因為「再造乾坤」可以讓螺旋鏈與垂直鏈的能量連結，並協力成為一個循環共同體。

一、陽氣歸天

步驟

1. 左腳拉開至雙腿與肩同寬，雙腿微蹲。雙手手指自然放鬆，合攏、微曲。

2. 兩個手掌心同時對著肺部，一手近（右手掌心距離右肺部十公分左右）、一手遠（左手掌心距離左肺部三十公分左右）。兩手遠近距離不同，目的是製造肺部能量高低的壓力差，活化雙肺能量的運轉。二至三分鐘後，兩手遠近可以交換（右手掌心距離右肺部三十公分左右、左手掌心距離左肺部十公分左右）。

3. 每次練習五分鐘，每天練習次數不拘。無須收功。

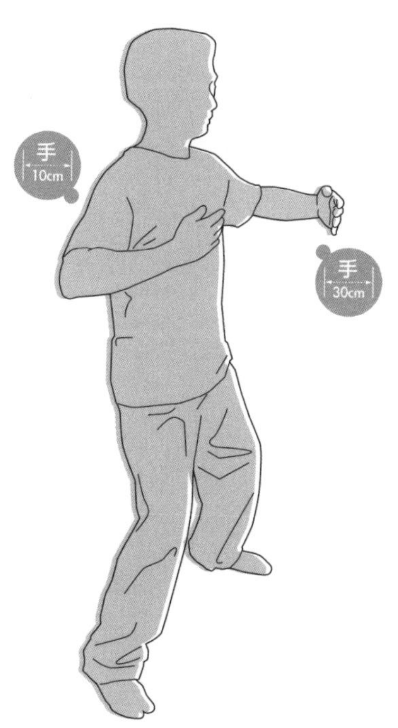

作用：使雙肺的能量相互撞擊。肺細胞的運動一增強，肺部就健康了。兩手對著雙肺時，借助兩手掌心的能量對肺部進行輻射，刺激肺細胞運動。

功效：能夠自動調節兩肺內的寒涼暑濕躁火，重新取得平衡，進而活化深層核心肌肉群的螺旋運動，同時促進垂直鏈在後背部下沉氣流的流動，與腰背部肌肉壓力的放鬆，對中焦（橫膈膜以下，肚臍以上，包括肝膽脾胃）和下焦（肚臍以下，包括腎、大腸、小腸、膀胱）具有保健功效。

二、引陽入陰

步驟

1. 左腳拉開至雙腿與肩同寬，雙腿微蹲。雙手手指自然放鬆，合攏、微曲。
2. 兩個手掌心對著腎臟，一手近（右手掌心距離右腎十公分左右）、一手遠（左手掌心距離左腎部三十公分左右）。兩手遠近距離不同，是要製造腎臟能量高低的壓力差，活化雙腎能量的運轉。二至三分鐘後，兩手遠近可以交換（右手掌心距離右腎部三十公分左右、左手掌心距離左腎部十公分左右）。

3. 每次練習五分鐘，每天練習次數不拘。無須收功。

作用：使雙腎的能量相互撞擊。腎臟細胞運動一增強，腎臟就健康了。兩手對著雙腎時，借助兩手掌心的能量對腎臟進行輻射，刺激腎臟細胞運動。

功效：能夠自動調節雙腎內的寒涼暑濕躁火，放鬆腰背部肌肉的壓力，垂直鏈就會像是一股下沉氣流，往夾脊、命門進行流動，如此一來，核心比較能出力了，自然會在核心肌肉群的下端，在能量入口的前方，形成一個推動力，刺激螺旋鏈從起端（密室）加速向上環繞的速度，以及上升時頻率的穩定性。

這個站樁法對上焦（橫膈膜以上，包括心、肺、頭）具有保健功效，也有助於肩頸腰背肌肉壓力的放鬆。

功法的整體功效

從密室龍穴到松果體的空間通道裡，包含了人體肌肉核心群、橫向太極S軸、縱向太極S軸，以及內分泌八大腺體。

如果能把人體各個器官、各個系統（如免疫系統、中樞神經系統）等有關的頻率，做更高精度的定頻，從而獲得高頻率振動的能量場，使得腹部、心和腦同頻共振，就是開啟空間通道的精微能量系統，幫助身體磁場穩定，這種頻波會自動精確從密室對應到松果體本身。

所以空間通道是多層次的、多維度的，並形成一種相對完善或理性的自我意識思維的覺察與追溯，就能夠讓自己創造所有一切，包括了自己偉大的天賦、力量、智力和財富等，進而取得成就，實現理想。

功法的終極目的

從「重安爐鼎（詳見第十六章說明），再造乾坤」開始，松果體往上連結到天門，能夠創造出人與宇宙之間的一條連結路徑，松果體將會像模擬器一樣回應、給予無限的能量，宇宙能量也會透過天門罩下一道光束，當電磁輻射直接從體外直接進入密室，將會為你的生命開啟一扇自由解脫的大門。

透過「再造乾坤功法」和「陰與陽循環」（陽氣歸天、引陽入陰），把螺旋鏈與垂直鏈的能量相互貫穿又循環往復，將任督二脈貫穿為一條線，才能統陰陽、調節陰陽的盈缺。當陰陽修到重新變化，就會由自己的生命再複製出一個生命，但這不是經過娘胎的再造乾坤，而是爐鼎從密室提升到松果體，並且在松果體之處重新再造你的陰陽，然後創造出人與宇宙的連結路徑，同時可以創造好運降臨的機率，若能依此安住自心、持續修持，就是解脫生死的法門。

如何辨別爐鼎從密室提升到松果體？如果你沒有特意把氣導引到松果體，但松果體深層自然出現膨脹爆炸，如同雲團裡的閃電，就表示自己約束、收攝、凝聚的能量已經修練抵達松果體了。接下來，你在站樁與靜坐時，意念就要擺在松果體。需注意的是，如果你尚未修練到這個階段，表示爐鼎仍然在密室，不管是站樁或靜坐，意念都要守在密室。

再造乾坤功法之靜態冥想

靜坐的基本配備

1. 靜坐墊：能加速能量提升。如果我們坐的時候沒有靜坐墊，雙腿就會更容易麻木。而且，平平地坐著，身體整個力量就會支撐到後面去了，也有可能會前傾後仰，或者左倒右斜，這樣身體不平衡的姿勢，不利於尾閭開展和督脈氣通。
2. 小毛毯：靜坐時下半身的保暖毯。

靜坐的姿勢要領

無論是採取散盤（自然盤）、單盤或雙盤，都是透過將姿勢調端正，自然達到身體舒暢和身心安定的作用。雙盤是先將左腳掌置於右大腿上，之後再將右腳掌置於左大腿上。單盤是一足觸地，另一足壓於對側大腿根上。散盤則是將兩小腿互相交叉而坐，又稱如意坐。

姿勢調得好，身體靜，當然以雙盤為佳。但是，要想練好雙盤打坐，得先進行散盤、單盤的練習。在練習時，也應本著循序漸進的原則，打坐的時間是逐漸增加，並依個人身心的狀況逐漸深入。有的人在初練靜功時就強調雙盤腿，如此操之過急，根本無法解決問題，因為腿部還沒有那麼靈活。雙盤固然好，但大多數人要一下子做到是不可能的。所以，姿勢要量力而行，順其自然是靜坐的最好方法，不要強調姿勢統一。雙盤或單盤有困難者，可選擇散盤。

練靜功的準備階級

練的時候，要講究「形鬆勁展、鬆而不懈」，有內勁、有氣魄。怎樣才能做到形鬆勁展呢？身體要豎直，脊椎骨要一節一節拉起來。怎麼拉？首先，尾閭部分往下垂，接著下顎部分回收，然後大椎部分往上領，就這三個要點。

當你做到形鬆勁展，脊椎的能量才能上下協調。在練功的過程中，如果你總想著把脊椎拉開也不對，這樣不容易讓人放鬆。在開始練靜功時，有這麼一個形鬆勁展的想法，把自己的形體調整一下就行了。

靜坐時的手勢

手勢可以千變萬化，但是都要以「細胞運動訣」為首，也就是用一手的拇指、食指用力握住另一手的拇指。身上細胞運動起來了，就能任意地變化手勢和手訣。

靜坐的注意事項

以舒服自然、放鬆、安心為原則。

增強螺旋鏈與垂直鏈循環的冥想功法

1. 翻江倒海：見第六章第八十七頁說明。
2. 入海探寶：見第六章第八十七頁說明。

在冥想和練習引導的過程中，目的是鍛鍊密室的橫向太極S軸的旋轉。

3. 二龍戰珠：見第七章第一〇五頁說明。

4. 五馬奔騰：見第十五章第二一三頁說明。

在冥想和練習引導的過程中，目的是要鍛鍊松果體與天門之間的縱向太極S軸的旋轉。

5. 摘人參果：見第十一章第一五五頁說明。

透過這個冥想，將可以調整自己的心，重新取得心與靈魂融合的修練。

第三章

空間通道的平衡、淨化和療癒

建構空間通道的同時，也是在進行身心能量的平衡、淨化和療癒，能將我們的身心能量振動頻率提高。我從修練三十年的經歷中感悟到，不管練什麼功法，都會有生理反應引發的「排毒現象」、「退病現象」，但只要設定並建構好空間通道，確保體內有足夠空間讓氣血能量運轉及循環，就能推動身體內部能量的轉化和新陳代謝，很快就會好轉。

我建構出空間通道理論的過程很緩慢，不是頓悟而來的。我在知覺身心能量的平衡、淨化和療癒經驗變化的過程中，發現所有功法最終都是要探索出一個空間通道，這不僅是最直接、最根本，也能最有效地推動身體生理運轉和新陳代謝的功能。這些珍貴的體悟與過程，是每個人在修練過程中會遇到的情況，因此我想要將修練三十年經歷的過程分享給大家。

一、身心能量快速變化，造成生理和心理不同層面的影響

最為深刻的是，我體悟到生命能量之氣的順暢流通，會使身心達到平衡狀態，同時也明顯感受到情緒、想法會隨著身體肢體動作的變化而改變。我終於領

悟到傳統醫學經典強調的陰陽平衡觀，只要陰陽平衡，內臟機能處於正常狀態，生命能量之氣能夠順暢流通，就是維持或重獲最佳健康狀態的基礎。相對的，當能量難以流通時，內臟的機能就會異常。

換言之，體內陰陽有所變化，致使體內陰陽之氣無法相互順接和維繫，各種不舒服的症狀就會陸續出現，最後形成疾病。

是什麼原因造成陰陽失衡，能量難以流通？當我修練到能量達致一定程度的暢通時，才真正體悟到，練什麼功法不是重點，關鍵是設定建構好空間通道，並且保持通道空間的潔淨。生命之氣有了足夠的空間，自然會增加活性，改善血液循環，增強內臟機能，總體上就能達到陰陽平衡，有助於安定心靈和穩定情緒。

二、重新活化新陳代謝功能、強化體內的荷爾蒙，給身心帶來驚人的變化

修練時，總會經歷許多生理階段的蛻變，每個階段各有不同的煎熬。每經歷一次，喜悅感也隨之提升。當你跨越而過並爬上更高一個階段時，身心和思想也

會隨之蛻變，明白天賦潛能與生理、精神層面能量，共存共榮於空間通道中，而這個空間通道是一個跨維度的超時空空間。

大抵有三個階段是必不可少的。

1. 不知道自己真正想要的是什麼

我以前常常感到情緒低落、心情憂鬱，腦中不斷浮現所擔心的事情，越想越擔心、越睡不著，時常食不下嚥。有時，我會在突然間不知道自己內心深處真正想要的究竟是什麼，什麼事都不想做，身體懶得動，腦中也不做任何思考，就只是想要一個人不被打擾。

在開始練氣功後，我感覺到自己的行動力、睡眠、呼吸、思考和飲食習慣都改變了。尤其在飲食上面臨了葷、素抉擇的挑戰，我原本嗜肉如命，後來卻突然感覺噁心、食不下嚥，甚至隱約嗅到一股腥臭味。也有人向來是清淡飲食者，變得開始吃起大魚大肉了。這些改變代表著腸胃機能正在調整。體虛、身體能量不足者，需要補充能量，因而變得魚肉不忌口。清淡飲食則有助清除淨化腸胃功能。睡眠問題，同樣也是因為陰陽調節的關係，一陣子嗜睡昏沉，過些日子，精神特別好，絲毫不覺睡意。在經過了磁場的調頻後，思維變得比以往更敏銳，精神更集中，悟性也提高了，行動力就會產生驚人的提升。但緊接著所面臨的挑戰是身體變得特別敏感，這也是大部分人都會面臨的問題。

2. 身體變得特別敏感

為什麼修練之後，反而更常感覺腰痠、背痛、腳麻，身體會顫動、發冷、發熱、發汗，覺得自己渾身是病，而且很容易受風寒感冒？因為每個人的身體素質不同，遇到的問題也會不同。舉凡修練後出現的生理不適，多半跟自己的病原史有關，也是所謂的「排毒現象」，又稱作「退病現象」。因為身體內部本來有病，因修練而讓宿疾從體內往外排，使你清楚感覺到疾病的存在，這是修練時的自然現象，不是因修練引起的毛病，是好轉現象。如果病症很輕微，經過持續修練空間通道的功法，身體就會自然好轉。如果病症比較嚴重，應該看醫生接受治療。無論你修練的是什麼功法與門派，我們都必須去解決之前身心就已經面臨的問題。

(1)腿痛、腿麻，腰痠背疼的現象

如果有出現這種情況，那麼只要腿痛、腿麻的現象獲得解決，腰痠背疼就不是問題。所以要鍛鍊好雙腿，多從事健走、爬山等有益增強及活絡雙腿筋骨的運動，或者拉筋，都能幫助我們克服腿痛、腿麻。

當雙腿的經絡疏通時，盤坐時無論是雙盤、單盤或散盤，都要把雙腿盤緊為原則，兩膝蓋距離越近，雙腿就會盤得越緊，上半身因為獲得放鬆，脊背自然能夠挺直，就不會出現腰痠背疼的現象。

(2)食道和胃腸不大通暢

現代人飲食過度，食道和胃腸都不大通暢，多半有消化不良或胃酸過多的問題。靜坐後的打呃和放屁情況，代表中焦的胃氣要通了。腸子不健康的話，會有很多廢氣在裡頭，自然要放屁。也有的人會一直拉肚子，對靜坐坐得好的人來講，拉肚子是好事，表示下焦氣脈走通了，在清理腸胃，對腸繫膜（附著於腸子內部及腹腔內壁的雙層皺摺腹膜）有良好的潔淨效果。我個人就曾經經歷腹腔咕嚕咕嚕的，彷彿翻江倒海般的滾轉，肚子裡的垃圾很快就排出來了，就好像把水

龍頭開到最大一樣，嘩啦啦地一直狂瀉下來，頓時全身輕鬆，那是靜坐的效果到了。但是，千萬不可將病態的腹瀉當作好現象，必須要去求診才好。

(3) 煩躁靜不下心

有時當你感到特別煩躁，無法靜坐，可能是心理問題，或是心臟、肝臟生理引起的毛病。在靜坐中突然想笑，有時又想哭，這是心理狀況引起的，是自己的意識對自己的身心狀態不能作主，就會跟著這個現象亂跑。有少部分是生理狀況引起的。肺和心臟的氣走動了，就會喜歡笑。腎臟和肝臟的氣走動了，會有悲觀流淚的現象。但大部分還是心理因素，這要檢視自己的心理。無論是心理或生理形成的問題，加強站樁是根本解決之道，問題改善後再來靜坐，就能獲得效益。

3. 氣動與靈動的現象

靜坐中，有時會不由自主顫抖的氣動起來，出現搖擺不已的跳動、打拳或手足舞蹈的情況。要讓它自動繼續下去或刻意停止它，取決於自身的情況而定。

氣動帶來的現象屬於感覺狀態。身體裡的氣機發動，不一定全是好現象。

身體哪裡有障礙，氣血流通到原本有障礙的地方時，就會出現一種氣機發動的自然反應。至於要讓它發展或制止它，還是得靠自己的智慧來判斷，任何一件事的好壞都要看如何運用。有的人頭腦很清醒、很正常，為了幫助身體的氣血流通，可以讓它繼續動，等於是改善體內最好的內在運動；當氣血流通、身體恢復健康了，氣動的現象會自動停止，如果你執意繼續動下去，能量將會受到耗損，反而會越動越虛。

另外還會出現靈動，這是感應到神靈的訊息，而最容易出現的現象，是在做夢或幻景狀態下，某某神仙把秘笈給你，要收你為徒。如果盲目的相信，便會招致謬誤，最好立刻制止，不然演變成乩童、跳神的人，就容易被視為生理及精神上的病態行為。

在開始定期靜坐，經歷了氣動與靈動的階段後，平常也會出現一股腦坐著而不想起來的時候，對任何事都意興闌珊的。不過這樣的人比較少，一般來說，在靜坐時，應該要有心理、生理的舒暢喜樂感受，才是對的。還有一種人是身體完全沒有感覺，這通常屬於不敏感型，與先天體質有密切關係。然而，先天的體質不會影響身體的蛻變。

靜坐有成效之後，內分泌平衡了，自發性啟靈的狀態（指自身的靈魂凝聚並彰顯出來）也大大增強，讓我真實經驗到內在這股自發性能量，絢爛綺麗到宛如極光在少腹部（位於臍與骨盆之間，又稱小腹）。那光飛揚起來！五光十色展現在我眼前，從內在散發出來，光亮越來越大，最後瀰漫整個空間。就在一瞬間，我頭上閃著刺眼的強光，發出一道強大的雷聲，接著電流穿過我的身體，一陣陣劇烈疼痛從大腦傳導到全身，全身彷彿被電擊一般。從那時候起，生命能量之氣在我的身體裡順暢流通，身體就保持在健康、充滿活力的狀態，內心也充滿愛、喜悅與平和。在這種情況下，我很容易就能啟動潛意識的力量，發現許多自己從沒想像過的事。

三、觀察到身心內在的另一種靈動過程

我開始觀察身體內的每個部分，從粗重的感覺到細微的感覺，從熱涼麻脹跳、似乎有小螞蟻在身上爬行的感覺，到明顯感受氣在體內運行。從這樣粗重、明顯的體驗，再往細微的實相深入觀察到內在所有的體驗感受，這看似偶然出

現，其實是某種必然的反應，當內在各種層級和細微能量重新啟動之後，就會召喚出你從未曾想像過的美好事物。

因每個人領悟程度不同，會有各自或深或淺的幻覺體系，所看到的景象也會完全不同。有人看見的是自然的花草樹木，也有人看見蟲鳥禽獸的場景；在大自然景觀為序曲後，也可能一瞬間轉換成污染的山川河流，一夕之間成了橫屍遍野，血水遍布河面的景況，宛如人間煉獄。另外，在靜坐中進入恍惚狀態時，並非全是透過感官的感覺來聽到、看到。有時在視覺上好像看到一些光影、鬼魂等，大部分都是潛意識作用所引起的，也有一小部分是內部生理問題引起的變化。但你所見的是神佛菩薩還是妖魔鬼怪，與空間通道的潔淨程度有關，以致氣血和能量運作顯化出不同的現象。因為空間通道是心靈與身體的相互溝通，會呈現心靈的警訊，給人靈感以產生創造力，喚醒內在的真相。在空間通道潔淨的狀態下，就不會陷入鬼神論中，誤入歧境而不自知。

以上總總是每個人在修練過程中會遇到的情況，不管是在哪一個階段遇到，都是因為身心處於一種不對等的關係中，也就是失衡。

如果失衡問題一直持續存在著，以上這些問題的影響性也會持續存在，你在修練過程中就需要具體的功法。

空間通道的平衡、淨化和療癒

有的時候，心理因素會影響身體疾病與生理功能，相同的，身體的健康也是影響心理健康的因素，而且會相互重疊並增強反應。換言之，身心的改變可能會對心理、生理造成不良的影響，有時甚至會使人放棄或改變一些原有的看法，造成行為和標準的改變。那麼，當身心處於一種不對等的關係中，也就是失衡時，我們到底應該先調理生理功能或是心理現象呢？

若心智上的發展遠不及生理上的變化，因而不知道精神能量、心靈能量的存在，就感受不到宇宙能量場。在生理功能上先釋放壓力，防止病痛找上門，雖然是從根本找出病因、調理體質，但這時候想要透過生理功能釋放心理壓力，並不是一件容易的事。

靈動或靈知這一現象尤其強烈者，反而經常會忽略了自我健康照護的能力。畢竟人的心理問題會以生理形式呈現，例如當一個偏重靈性、忽略生理的人，乙太體有很多負能量時，會造成原有的潛能封閉，自身的能量也會形成煙霧般的膜，層層阻礙身心與宇宙信息場的連結和交流，導致種種身心病痛的相互重疊，因而增強身心相互影響的壓力。

因此，當身心處於一種不對等的關係中，要先調理生理功能或心理現象，各有優點和缺點。

但是，隨著你對空間通道的認識增加後，當你的身心失衡不和諧了，你可以對身（生理）、心（心理）同時進行調節，因為空間通道是心理活動和生理功能運作、通訊、信息連結交流的通道。我們只要把空間通道設定好，就能產生真正轉化心身的長期改變與助益。加上空間通道的功法（請見第二章末列舉的功法）著重於空間通道起端、目的端之間的暢通，當你在進行調理放鬆肺部（呼吸肌群）、兩腎（骨盆底肌群）時，身心就可以獲得平衡、淨化和療癒，進而讓人靜下心透視人體能量密室的機制運作。

第四章

探索空間通道起端——密室

透過空間通道的建構與功法練習，保持此通道的暢通潔淨之後，接下來，就能進一步深入空間通道的核心奧秘。首先，就從空間通道的起端——密室，開始探索。

回顧我在三十年前初學站樁時，常耳聞「斷白虎」、「斬赤龍」修練術語。所謂的白虎即是指射精，赤龍則是指月經。當時我不明白那是什麼意義，而他人面對我的提問，不是臉上帶著一絲神秘地說：「天機，不可說。」就是支吾其詞，臉紅得厲害，說不出所以來。平時在站樁時，我總是感覺到氣血不順暢，動不動就感冒，生理期時手腳冰冷的情況也很嚴重。尤其生理期來臨前，常會不由自主地發脾氣，或突然莫名出現憂鬱、脾氣暴躁、情緒低落、鑽牛角尖等情緒不穩定的情況。我相信男子修行時，也必須要面對生命的艱難課題。於是，我有了強烈的好奇心，想知道斷白虎、斬赤龍有什麼不可說的秘密，為什麼練功要違反生理現象，進行這樣的修練？是不是斷白虎、斬赤龍了，就可以了解自己的情緒與其他生理的相對反應？因為這股好奇心的驅使，讓我意外尋訪到人體內的「密室」，並從中找到一本「無字天書」，這是關於醫學、養生、修練的百科全書。因此，我就從自身修練時顯現的無字天書去找問題的解答。

由於無字天書都是從腹部底層浮現上來的，所以我是透過觀照無字天書，進而揭開了人體的極機密密室，發現人體有一個專屬的「空間」，裡面放置的內容為意識能量，包括潛意識、無意識、集體意識的層次。我在這個極機密密室裡，找到了許多我曾求助相關書籍或詢問他人都未得到解答的問題之答案，並且這些答案也成為我對意識層面的覺知。由此而產生的認知能力，不斷上升到更高的維度空間，我的靈性之旅也以此為起航點。在對意識層面有所覺知之後所展開的思維，對我的身心有大方向的指引，比如注意力、情緒變化、興趣愛好、性格、身體狀態等。我更發現，在密室開啟後，就能準確地定位自己人生的方向，就像是在心裡裝上「磁場地圖」，開啟了與生俱來的內在能量，同時積聚全宇宙的潛能，來幫助自己成為一位身心靈修練作家。

斷白虎、斬赤龍與密室的關係

密室存在於空間通道的起端，具體位置在精囊（男）、子宮（女）的部位，因此，我認為斷白虎、斬赤龍是以密室為修練的基地。就如同青春期是性發育、成熟的重要時期，也是人從不成熟走向成熟，重新蛻變的機會，斷白虎、斬赤龍隱含的生理層面意義，是使人從成熟走向更成熟的階段，並達到清心之目的。

我個人並不具備生物醫學科學背景，只是純粹以一個修練愛好者的角度及實際體驗，分享我在這三十年來獲得的最佳解答。白虎、赤龍只是人體極機密密室的空間裡，各種物質的能量運動層次之一。所以，斷白虎、斬赤龍並非絕對關係著我們這一生見道不見道、開悟不開悟、覺醒不覺醒的關鍵，探索空間通道的起端——密室，才是見道、開悟、覺醒的關鍵。我期望我分享的經驗，能夠帶著所有初學者一步步走入密室，即便是已投入修練多年的人，也無須煩惱要從頭開始。此外，這些經驗更沒有與宗教各家修練功法原則產生衝突和矛盾，所有人都能成功掌握人體極機密室，以此做為個人覺醒的新起點。

從傳統醫學說起

腎主藏精，是腎的主要生理功能之一。五臟六腑脾胃化生的「水谷之精氣」

（屬於後天）和「腎本臟之精」（屬於先天）皆藏於腎，兩者具有互根互用（互為根據及互相作用）的關係，是人體生長發育和生殖繁衍等重要生理功能的基礎物質，也與水液代謝有關，並主骨生髓生血。傳統醫學上尤其認為，骨髓是生命的本源，腎中精氣的盛衰與髓的盈虧有密切的關係。

髓即是骨髓、脊髓及腦髓，由腎精所化生，通於腦為元神之府，又稱「髓海」。脊髓與大腦相通，中醫因此有「腦為髓之海」的說法。正是因此，當人體長期飲食攝入不足，或者脾胃運化功能失調，加上先天不足腎精虧虛，又或者年紀漸大腎精虧衰，一旦髓海失養，人就會健忘、失神等，甚至引發系列病症，如腦海空虛、腦失所養，進而引發頭痛、思維遲鈍等，都會影響頭腦的思考和記憶力。只有在腎臟精氣充盈之時，腦髓才能得以長養，發育健全，各臟腑器官才能發揮正常的生理功能。

人到了成年，由於物欲耗損，先天之精已經不足，道家對此早有體悟，認為唯有男子修行斷白虎，女子修行斬赤龍，使男子不再出現射精、女子不再出現月經，才能以先天元氣來溫煦腎精，使其充實起來，重返先天精氣，這就是「煉精化氣」的目的效益。然而，實際上，也是道家體悟到腦部是人體的生命中樞，而腦和腎的關係最為密切，因此要邁向仙道不死之路且無止境的超越，就必須以補腎固腎為根本守則。

從能量層次來看

白虎與赤龍是人體的精氣，為體內構成生命的能量或動力，你越堵它，它的力量就越大。如果你採用堵截的方法，它的能量會升得越高，反彈力量就越大。如果你採取疏通的方式，它就會像人身上的血脈一樣具有特別的力量，你會感覺到身體裡面有一股好像神龍蜿蜒湧動、河流般的能量奔流著，為體內血液流通開啟一條空間。因此，斷白虎、斬赤龍是一種內在覺醒，也是覺知內在人性的過程和超越自我的方法。

為什麼它會讓許多人都羞於啟齒？由於人體內的「促性腺激素釋放荷爾蒙」（GnRH）會使人表現出性慾亢進，因此，人在修練時，特別容易像鯀治水一樣，把重點放在阻斷荷爾蒙作用的方法，但這麼一來，會讓人產生挫折、衝突、痛苦和焦慮感，反而違反了生理與心理發展的原動力。修練密室的目的，是在

「促性腺激素釋放荷爾蒙」等研究的基礎上，更進一步深入探究其中蘊含的意義。既然這牽涉到促性腺激素釋放荷爾蒙，而掌控這些荷爾蒙分泌的是大腦，同時它會作用在卵巢和睪丸上，促使它們分泌雌激素和睪固酮，幫助維持性器官的健康，並有助於促進健康的新陳代謝，那麼為什麼要斷白虎、斬赤龍？

按能量守恆定律來看，道家男子修行斷白虎，女子修行斬赤龍，體內的雌激素和睪固酮不會憑空消失，那它們又會何去何從呢？以我修練多年的經驗，體悟出這與密室有關，進而整理以下這些雌激素和睪固酮的功能作用：

保持氣機內收的一個狀態

道家所修練的斷白虎、斬赤龍，一開始就定位於人體生殖系統。此外，道家又提出了「順生人，逆則仙」修道的說法，表示阻礙道得仙成的種種問題，都是出自於精神和肉體的不平衡。因此，透過練功過程中的「漏盡通」，男修成不漏精，謂之斷白虎，女修成不漏經，謂之斬赤龍，以人身上固有的精氣來彌補已失之精，補充虧損虧衰的一方，就可以取得平衡。

透過這種特殊的練功程序，表面看似抑制人體性腺功能，使男子不再出現射精（白虎）、女子不再出現月經（赤龍），實則是采元精至精滿氣足，因此有「百日築基」之說。

所謂百日，並不是指我們用日曆計算的一百天，而是一種淬鍊，也是一種意志的堅持，修練到彷彿人體內的油缸填滿油之時，人體達到巔峰狀態，返回天癸之年（月經初潮前），保持氣機內收的狀態，收斂住腎氣，讓它不外洩。築基，就是打地基的意思。因修練者的年齡不一，築基成功的時間長短也不一致。年輕人的身體基礎好，本錢厚，貯滿油缸的時間較短；老年人的身體基礎差，元精失得多，故而貯滿油缸的時間較長。因此，降白虎與斬赤龍可分為三種情況：

一種是童體，為無漏之體，先天元氣充足，所以不需要斷白虎與斬赤龍這一步。一種是青壯年人，會因射精、月經而消耗身體的能量，這部分人需要斷白虎與斬赤龍。一種是過了更年期，身體邁入衰退階段，為衰敗之體，需要經過修練，激發生命活力後再斬斷。

在斷白虎、斬赤龍後，是否就完事了呢？

當然不是，不漏只是表相。傳統丹法認為，男子「煉精化氣」，而女性是「煉血化氣」。白虎、赤龍帶有生命的能量，在身體不斷製造的情況下，經過一定的週期就會往外排，而在往外排的過程中，就需要消耗體內的能量。為了減少能量的損耗，就要把產生白虎、赤龍的能量轉化過來，將這股傳宗接代的能量收歸己（體）用，轉化到自身生命中，成我們煉丹（明點）所需的能量，從而將身心整合成一個整體，達到一種舒暢、平衡、和諧的狀態。這樣也符合「順生人，逆則仙」的說法。

因此，需要斷白虎、斬赤龍，把這個能量煉化吸收，將之從外落到內收、從腎漏到進入腦髓中，引導我們走入真如本性處，啟動生命潛能、釋放通靈能力，是一條邁向仙道不死之路的追求，而且是無止境的超越。

道家所渴望的這個邈遠而令人神往的境地，不是單純的水來土掩，勉強壓抑就行了，而是必須經過全身整體脈絡的周流。在不同部位，氣會有不同的變化如：築基煉精（精是構成人體、維持人體生命活動的物質基礎，包括精、血、津液）、煉精化氣（氣是生命活動的原動力，人體的呼吸吐納、水谷代謝、營養敷布、血液運行、津流濡潤、抵禦外邪等一切生命活動，無不依賴於氣化功能來維持）、煉氣化神（神是精神、意志、知覺、運動等一切生命活動的最高統帥）、煉神還虛（虛指一種出神入化的境界，丹道修煉的高級階段），達到氣、神、虛的質變，引領自己走向更健康和諧的未來，由之前的肉體修練轉入精神修練。

所以說，「煉精化氣，煉氣化神，煉神還虛」既符合人體科學、醫學、能量層次和玄學，甚至某些方面是超前的，但這究竟與人體極機密室有什麼樣的連結關係？

「斷白虎，斬赤龍」只是手段，目的是永久保持氣機內收的狀態。人體極機密室室，就是那個儲存、保持氣機內收的空間，也是我們必須去知曉並發現的空間，因為這個空間能夠幫助人覺醒的本源。所以密室的探秘開啟，就是找回覺醒的靈魂因子，體悟自發性啟靈（指自身的靈魂凝聚並彰顯出來）的狀態。自發性啟靈會猶如設定好時間的鬧鐘般在心裡一遍又一遍響起，就像無字天書在特定時間自然就會從密室（腹部）底層浮現上來。

啟靈與覺醒的交互作用

青春期是每個人都要經歷過的。但大家有所不知的是，每個人在碰到生命轉折的某個時間點，都會體驗到自發性啟靈狀態，而這與「促性腺激素釋放荷爾蒙」的分泌活動有關。

青春期最明顯的變化，是生殖系統的發育和急劇變化，促使青少年的心理或情緒隨之產生變化，因此容易有情緒不穩、不夠成熟、易衝動、失平衡的特點，總是不斷馳逐人生的平衡點，開始向外探索和建立外界人際關係。

出現自發性啟靈狀態時，由於陰陽的動態調節關係，會使得內分泌旺盛，出現排毒、排濁現象，出熱汗、冷汗等生理變化，還會引起情緒上的起伏等。因為在自發性啟靈狀態下會發生這種將你引向內在，試著從自己的人生歷練及生活經驗，進行摸索、覺察及自我理解，與內心最深處的自己連結，所以會觸碰內心最深處的恐懼，心裡也會感到相當困惑，容易產生各種情緒，以及出現焦慮、憂鬱等症狀。有的人會渴望執取更多的覺醒與超越，到處去訪師求道。

青春期和自發性啟靈都會讓人面對不同程度的各種身心改變，陷入生活失衡、身心失調的情況。因此，經常會有想要自己一個人清靜的時間變多了，心裡卻覺得很孤獨，身心的疲倦程度不斷加大。

但自發性啟靈不同於青春期，它就像蝴蝶破繭而出那樣，會帶領我們重新認識情緒存在的真正意義，對自己的生理、心理、社會與靈性有所覺醒。所以，修練開啟密室，能促進啟靈與覺醒的交互作用。

逆而返還

我在道家修練過程中，認識到修行人境界的提升，就跟青春期一樣，同樣面臨了心理和行為的轉變過程，而一系列生理、生化、內分泌扮演著推動人類改變的關鍵力量。有了這一層覺察後，我才能領悟「斷白虎、斬赤龍」不是對「促性腺激素釋放荷爾蒙」的分泌起遏制作用，重點不應該擺在「斷白虎、斬赤龍」上，其關鍵是讓修練者懂得「逆而返還」的道理。也就是說，在意念的操作上，把人體生理規律返推回去，透過意念內守、練氣養精不外洩，讓這股氣出會陰過尾閭的孔穴，進入脊椎管內，正是所謂的煉精化氣，在不外洩的同時，還能達到內固，讓各臟腑組織發揮正常生理功能。這股氣再沿尾閭上行於髓管之中，經命門、夾脊之後，再通過胸椎管脊髓中心向上，沿大椎走向頭部、小腦、百會、印堂，到達松果體，所謂「氣化神」就是這個道理。

大腦在受到氣的活化作用而變得更加活躍後，就會有更多的能量流動與物質循環的氣，從上顎、上焦、中焦、下焦、丹田流入會陰後，再注入密室，所帶來的高頻精微能量體，會持續參與髓腦循環（髓腦包含大腦、小腦、腦幹）中氣的能量流動與物質循環，久而久之髓腦即可得到充實，並將阻塞的能量轉化，讓身心靈的健康平衡了，就能調伏回歸到正面積極的光明能量中，自發性啟靈的核心就會從密室上升到松果體，從此進入覺醒與超越物質界，以及光的其他次元。「斷白虎、斬赤龍」真正的價值與功能，也是透過髓腦為媒介，促使人體機能正常運轉，尤其是激發松果體的活化。但是，修練「斷白虎、斬赤龍」需要耗費的時間更長，而且功效遠不及空間通道的功法。

人體有八大腺體：腦下垂體、松果體、甲狀腺、副甲狀腺、胸腺、腎上腺、胰腺、性腺。為何古今中外宗教、哲學、玄學、功法，獨厚於松果體的修練？最主要原因是，它出現在胚胎發育兩個月時，而且奇怪的是，它一出現，馬上就開始退化了。人類學家認為，松果體具備了先祖的某些形態特徵，有許多遺傳因子，對先天的生長發育有著明顯的影響。到了後天，松果體監視著體內各種腺體和器官的運作，同時它所分泌的血清素，在調節情緒方面能讓人有快樂和幸福感，尤其它分泌的另一種荷爾蒙「褪黑激素」，會向中樞神經系統發放時間信號，如晝夜分泌週期，而體內的生理活動及其他荷爾蒙分泌，亦是照著此規律運作，並引發若干與時間有關的週期性現象，如人類的睡眠與覺醒、月經週期中排卵的生物鐘現象，老化的現象也因而產生。

對熱衷於宗教修練的人士來說，松果體分泌的二甲基色胺（DMT）是一種能打開人體潛能的致幻劑，具有與宇宙能量連結的能力，可以透過松果體連結靈界神佛的無形磁波能量，進入更高靈性層次的入口，這就是達到「煉神還虛」的狀態。除此之外，人體有週期性的生理變化，就像潮汐週期中的各個階段——漲潮、退潮、滿潮與乾潮，從而引起人的生理和情緒上的各種變化。究其原因，這與髓腦的能量流動和物質循環，以及人體的生理時鐘——松果體有關。

而且，自發性啟靈與生理規律是相通的，時間到了，就會像鬧鐘一樣響起。如果能把人體生理規律返推回去，達到固精養精保精，精氣充滿而不外洩，也是啟靈的自成之法。

但人們往往因為物質界的干擾，以及自身的身心陷入失衡和傾斜的狀態，導致松果體開始鈣化、縮小、不斷退化，髓腦的能量流動與物質循環不通暢，影響了靈性和身心連結，衍生出其他生理疾病，也使心靈難以平靜安穩。所以，不僅是道家修行的斷白虎、斬赤龍，舉凡所有的修練方法，每個修練者都必須要經歷一場「精化氣、氣化神」的變化，並且人人都是在這個模式中反覆運作，只是連結程度深淺不同而已。

道家的斷白虎、斬赤龍，透過物質與能量循環反覆運行，可以用來調理髓腦、充實腎精氣機的運行，這種本然的自發性啟靈，與生理規律相通，決定著人體的生命衰亡。道家修行以身念處（將注意力集中在身體上）為首，在物質能量順暢引導下，將人體所有臟器、肌肉、骨骼，與內在心靈連結，這其實就像青春期一樣，即使什麼事都沒做，沒有修練的人也會經歷。同時，自發性啟靈和人體極機密密室之間，有共同的物質能量信息傳遞的連結點會產生交互作用，只是經由不同路徑傳送，再殊途同歸而聯繫身心，以致兩者的結果不同。

也因此，斷白虎、斬赤龍並非修練必經之階段，很可能你終其一生都達不到這樣的境界。但如果你能夠做到在空間通道裡主動進行物質運輸、能量交換和信息的傳遞，就能夠正確認識自己的生理、生化、內分泌、心理、行為及智力等方面的明顯變化，讓你知道如何去面對、約束個人的欲望，調節和轉化自己的信念或思考方式，這就等同於「煉精化氣，煉氣化神，煉神還虛」的修練境界，會比修練斷白虎、斬赤龍來得快速有效。

所以，我極力強調以空間通道的建構與功法練習，來取代斷白虎、斬赤龍的修練。

深化身心能量的連結互動

如果我們有覺察自己身心的習慣，就會發現身心之間有更重要的連結管道，而且它是一種比較穩固且普遍被接受的觀點。飲品和食物經過脾胃的腐熟、運化，化生為水谷精氣，接著，水谷精氣藉由脾的轉輸升清散精作用，將精微物質上輸到肺，再通過經脈布散全身，以充養五臟六腑、四肢百骸，維持機體的正常生理、生化、免疫功能，以及生長發育新陳代謝等。脾升清散精的功能，需要藉助腎中精氣的蒸騰氣化來推動，因而引導了先天之氣從少腹部、下丹田出發，經膻中、上丹田，過胸椎、大椎，沿著脊椎內側，達到腦部，精微能量體順勢將身心連結起來，成為靈性覺醒的大好機會，而這正好是空間通道的路徑。

因而，我明白了，傳統醫學會強調「培補元氣以固本」的觀念為醫療養生的原則，透過養生來激發精微能量體，與空間通道也有密切的關係。所以，空間通道的功法是在醫療養生的原則下，深化身心能量連結互動，如果能發現空間通道起端密室裡，風水寶地的「龍穴」位置，那麼修練起來就更能夠事半功倍。我也更加明白，練功家都很重視意守丹田的鍛鍊，包括動功和靜功都以下丹田這股內在能量為基礎的原因何在了。

尋訪人體內風水寶地「龍穴」

正因為我在修練過程中，注意到精微能量體和身心能量的互動，會讓我感覺自己的身體裡有氣流在湧動，偶爾身上多處會有跳動的現象。我從這些互動中得到更多有關自己的訊息，也更了解自己內心真實的想法與感覺，也就是我想要推廣動意功，以及出版智能醫學季刊，策劃主編一系列書籍，也想成為創立學派的名家。以上這些想法，是在自發性啟靈徵兆之後一個接一個出現，尤其在我感應到一股能量從腹部爆發出來之後，也開始從空間通道起端——密室，尋訪與探索人體內風水寶地「龍穴」。找到龍穴之後，能對自己的靈魂、更高的自我、神性本質有更多的覺知，也可從龍穴取得無限的能量。龍穴是我們內在的一個能量場，是過去未被釋放而累積下來的、多元而豐富的能量聚集空間。龍穴與人體內在空間中的氣流、水流、磁場，存在著一種相互對應、互動的關係，不僅引導著一個人的思想、感受、語言、行為，深遠地影響著身與心的健康；也隱藏了人生方向、自我定位和存在的價值，既是一個人靈性力量的本源，更是啟靈奧妙之處，這也是無字天書的秘辛。詳見下一章的說明。

第五章

從啟靈的高峰期找出龍穴

所謂的「啟靈」，就是生理、心理、精神都統攝在一個基調中，經過長時間專注，就會把自身的靈魂凝聚、彰顯出來。此外，啟靈有具週期性，也像青春期一樣會受到荷爾蒙的變化，並由於每個人的身心和境遇而經歷著不同的考驗，產生不同程度的身心變化。

因此，自發性啟靈和生理期如潮水有期，皆有一定之規律。雖然每個人啟靈程度不同，但應該都能覺知到自己會在特定的哪幾天擁有神奇的做夢能力，身心特別容易產生感應，身體感受氣動，最常見的是身體會感受到痠、癢、痛、麻。然而，不管是透過何種形式覺察到身心的轉變，都有一定的步驟和驗證的程序。所以，只要你好好關注身心出現的徵兆，就能夠感應到氣場、能量，這可以幫助你尋找啟靈的高峰期，進而找出龍穴的位置。

萬物都具有週期性變化的本質

身體的有些部位能對心靈有所感應，因此你就會有不同的想法及改變。最常出現的情形，也是最容易分辨的特徵是：膻中區會突然強而有力地跳動，把打鼓似的咚咚聲傳到體外，彷彿真的有一面小鼓在膻中區的深處，產生一定頻率的共振。膻中在對心靈有感應而發出咚咚聲之後，不管你在清醒時或睡夢中，都會擁有自我意識，能清楚知道自己在夢境，進而控制夢境。或是在睡醒後，你會更能記得夢所給予的啟示、對話與細節。

例如，我會成為一位身心靈修練作家，就是記錄了一個與心靈感應有關的夢。我經常夢見大腦的位置那裡有被飛快翻閱的書頁；或是腦中有一支筆不停地書寫文字的感覺。之後，我的腦中就會產生一種動人的意念，它就像是催化劑，會為我帶來更多的寫作靈感與能量，讓我展開一種神秘的心靈寫作，這是我與自己更深層的心靈對話的起點。

接下來，你的身心會更有自覺，不管你在哪個層次、境界中，總之，你都要養成隨時記錄的習慣，有趣的、憂傷的夢境，好夢、惡夢都不要害怕，要勇敢面對，仔細記錄、分析。

透過這些紀錄，你可以了解到自己內心的靈性覺醒與能量層面的改變，以及人體的氣血、生理機能和荷爾蒙分泌曲線，都呈現週期性，就像天上的月相有朔、上弦、望、下弦、晦的朔望節律性變化，時而陰暗、時而晴朗、時而圓滿、時而虧缺。

因此，身心能量活躍的週期是進入龍穴的絕佳時機，只要你諦聽人體能量密室的呼喚，藉由與生命能量和諧互動，就能療癒身心，並與隱藏在水面下的潛意識的旋律重新校準，為自己的生命解惑、充電。身心是充滿動態變化的，當意識因能量而得以更新之後，靈性也會因此進入覺醒期。

生命的一切全都交織在一個活躍的週期系統中，無論是宇宙星座運行的位置變化、地球季節的更迭，或是部分按照節氣制定的拜神祭祖時間，都有某種規律的節奏。

甚至於，細胞之間開（吐）合（吞）的交替，人的生理從成長到休息、更新、療癒，都存在著週期性變化的本質。即時記錄自己的想法、感受和行為，這樣你會漸漸清晰地看出身體的哪些部位能對心靈感應。由於覺醒模式會像春夏秋冬那樣轉換，它的變化都是隨著大自然所制定的規律而運轉著，只要你掌握著這個規律性，就可以喚醒靈性的生發能力，喚醒沉睡而隱藏在水面下的潛意識。

三十年的覺醒歷程

回想起小時候最深刻的記憶，大約是在六、七歲時的某天夜裡，我忽然從睡夢中醒來，腦海中不停盤旋著「我到底是誰」、「將要何去何從」的句子，並獨坐床邊一夜未眠。

後來，在升學壓力下，我淡忘了這些疑問，我的人生與心靈也因此朝截然相反的方向發展。然而，每隔一段時間，我的心靈會自動暗示我，尤其是遇到人生轉折期時，我總在午夜夢迴時自問著：「我到底是誰，將要何去何從？」

這樣定期暗示的情況甚至延續到夢裡，我經常在同一場夢境裡，夢見空中浮現一個「流動書櫃」，它像是安裝了自動執行程式，時間一到就會自動開放，過了一段時間後就自動關閉。

有段時間，我總是在半夜的某一個特定時間點醒來，聽到靈性的聲音，那是從窗戶外面傳來的一男一女的談話聲，但我不知道他們是誰。我翻看了牆上的日曆，發現這樣的談話聲總是出現在初一或十五。

有一天，我在清醒時突然看到一個腹部密室的幻景，有個透明的小人從密室中醒來，他起身打開密室大門，掀起一層又一層的簾幕，這時，彼端有另一個小人逐漸走來，我定睛一看，原來是我的啟蒙恩師：郭志辰老師。另一次，我則看到腹部密室浮現另一種幻景，那是在靈氣氤氳中突然浮現淡淡的影子，然後走出一個人影！那個人的雙眼蘊涵著無限的慈悲和智慧，在眼神交會的瞬間，一切的一切，不語也便明白，我認得他正是「周文王」。為什麼郭老師和周文王的身影，會顯現投射到我的腹部？

更神奇的是，掃墓等祭祖儀式的幻景，竟然會像投影機般的畫面投放到我的腹部。在發生掃墓異事之前，尤其自從我的印堂上發出極亮的小光點之後，每天晚上我都夜不成眠，只要一閉上雙眼，眼皮內就會有影像浮現；而當我一睜開眼，那影像就會投射在天花板上。從我的腦海深處源源不斷浮現出來的影像，儼然成為一座腦中圖書館，每晚都提供必看的天書給我。

一開始發生這種情況時，每當夜晚來臨，我就會開始手足無措、心驚膽戰，害怕又陷入了那無法闔上的天書中。直到我終於把天書顯化出來的圖像連結在一起，並與自身經驗交織出一本內容生動的書籍，才獲得真正的了悟。

不管是讓人產生恐懼或喜悅的幻景，其實都是啟靈的徵兆。我也發現，密室中儲存幻景的空間有一定的安排次序，像是那些承載祖先基因遺傳下來的精神和記憶，總是顯現在密室的左側（相當於輸尿管的位置）；另一些包含在自然宇宙中，日月星辰、大地山河等大自然磁場與能量，只顯現在密室的右側（相當於闌尾的位置）。

不過，我心中的那本無字天書裡，不管是讓我感到心驚膽戰，還是心生喜悅的圖像畫面，永遠無色無味無形質，這意味著無字天書裡是形象性、創造性的思維活動，目的是啟發並引導我逐漸朝向心與靈魂的融合歸一。

因此，無論我的腹部顯現的是大自然的花草樹木、蟲鳥禽獸的場景，還是山川河流血水遍布、橫屍遍野宛如人間煉獄的景況，就算我無法即時理解這究竟是什麼意思，仍然會記錄下來，並且註明時間、日期，每隔一段時間翻看筆記本，找出每個時間、日期之間的關聯。

隨時記錄的習慣，讓我可以明確地看出自己的啟靈狀態的出現大致上呈弧形變化，並以出現那些幻景異象的日期來計算曲線，當曲線垂直上升到最高位置的這段時期，就是自發性啟靈的高峰期，是一個月當中最容易戰勝身體慣性的時間點，是人體的活子時（指修煉過程中體內出現陰陽交接的一剎那，既不是陰，也不是陽，而是在陰陽相長相生這一刻必然有一個停頓、空的階段，這個階段就是陽氣始生之時，每人陽氣的發生，時間不同，際遇不同，所以叫「活子時」）。所以，我從異象數值可以知道曲線開始上升的時間點，並且在那個時候把意念專注在腹部下丹田的中心點上，接下來，因為我的意念高度集中，腹部的能量就會由量變產生質變，從密室激射出一道火光，通往密室的道路於焉展開。這道火光的震波，就像解開時空維度之鑰的對撞機，之後將會刺激體內代謝、循環、修復、再生。這是修練的絕佳時刻，能取得良好的效益，會比平時任何時間更快啟動身心精微能量系統，提升自身的能量頻率，達到療癒身心的效果，也是連接宇宙高能量的好時機。

之後，我就可以在某個特定的時間、日期，在以身體為定位的座標上，觀看身體骨盆腔的中央位置（相當於子宮、精囊的位置）。這裡是人體內在的一個能量場域，是我們過去未被釋放而累積下來的、多元而豐富的能量聚集空間，唯有進入這個密室空間，你才能夠一窺隱藏在水面下的百分之九十五的潛意識，並發現那裡存在許多我們看不到的信息：有些固定的、穩定的信息一直存在於這個空間之中。

唯有進入，才能揭示密室空間裡的現象，而在掌握它們之間的相互轉變和內在聯繫之後，就能正確地找到龍穴。

回首自己走過的路，當我跨越這個階段，爬上更高一個層次時，我的身心就會徹底地開解。每當我接收密室傳遞來的信息時，就會爆發出強烈的激情與寫作的欲望，理性而有意識的思維也同時獲得活化，從此謹守著道德價值與規範，例如以利自身健康，以利相安和諧，以利國家社會、安定所有的人類，乃至一切眾生的整體利益為修練基礎。當我朝著這樣的正念信念前進，也能透過寫作培養出智慧。

當身心呈現和諧平衡的狀態時，理智就能深入密室，並覺知到密室裡潛藏著巨大的能量。那一股強大的，時而快、時而慢，頻率交錯的氣息在腹部環繞著，而當巨大的能量波動快速往上提升時，我的膻中穴竟然出現了如打鼓一般的規律咚咚聲。

這時，我在想法上會有一些突破，覺得有很多可行的事情想要去做，會感到內心湧現的興奮感，但同時也會感覺到如排山倒海而來的壓力，朝著膻中部位猛烈衝撞而去，只要碰到不順心意的事，便立即激動不安。在我感覺到那股靈感和力量湧現時，總是得馬上衝去書桌前把腦中的畫面寫出來，並且只有透過寫作，才能掌握自己的想法。當我能控制激動的情緒和混亂的思想時，便察覺到自己的整個身體被一個強大的能量場包圍，可以使自己增長善根與福緣，帶來幸運和吉祥。因此，我透過寫作對無字天書有更深層的認識，也發現天書有著特定的振動頻率並對應特定的能量。當我能駕馭這一個能量場時，就能駕馭掌控自己的心，然後發自膻中穴的咚咚聲，就會上達眉心的上丹田，讓我有機會感受所有在體內產生的感覺，內觀到身心靈領域的種種信息的歷程與證悟。

這為我對修練的研究領域開拓了一扇全新的門路，也讓我明白自己一切內在、外在的身心靈信息場與意識場都存在於密室裡，引導著我，而且持續不變地喚醒我成為一名身心靈修練作家，經由寫作進入靈性大門。

事實上，密室裡引導著我的種種信息場，不是現在才有的，而是內在的深度覺知被喚醒之前，就已經存在了。不過，在靈感爆發的同時，包括憂慮、恐懼、忿怒等負面情緒，這些無明的障礙也緊接著慢慢地顯露出來。這種情況徹底翻轉了我想要有靈感加持而讓寫作更順利的想法，並且明白真正的關鍵是能駕馭啟靈時刻爆發出的巨量能量場。之後，我發現，自發性啟靈的發展初期階段，就像青春期一樣會受到荷爾蒙變化的影響，並產生不同程度的身心變化，而且很多時候會覺得自己在經歷著多重考驗，這些考驗也會週期性地變大和變小。

正因為對內在的深度覺知被喚醒了，我擁有敏銳的覺知、覺察力，自然能觀照到內在種種的細微變化。內在的情況有如雲霧，時而濃密，時而稀薄，也如同月亮的盈虧、潮汐的漲落一樣，變化如常，信而有期。我也發現了這個週期性的問題，以及這些情緒亂流的產生，是有其機制運作的，就跟每個月婦女體內一連串荷爾蒙變化的反應有關。就像男性進入青春期後，在一定週期可能會在睡覺時出現「液體」流出的正常身體反應。於是，我發現，青春期的成長和自發性啟靈，這兩種情況的本質都是一樣：自我意識覺醒迅速發展，並趨於成熟的階段。雖然青春期的成長和自發性啟靈的循環走向有其差異，但過程中是交織在密室一起循環運動、相互協作和促進，從而形成一種良性有序、正向互動的循環態勢，最終實現物質能量的均衡得以延續。

也因此，道家修練的「斷白虎、斬赤龍」，不外洩、不外漏的目的，就是要讓生命能量保持在巔峰狀態，就像鐘擺一樣，充滿和諧的律動形成一個個循環的大小周天（小周天是指內氣通過尾閭、夾脊、玉枕三關，貫通任、督二脈的氣血循環系統；大周天是指內氣通過十二經脈周流全身的氣血大循環）。如此循環不息，藉以維持人體的陰陽平衡、血脈暢通，進而產生益壽延年的作用，但需要較長的時間來進行修練。

因此，我在修練三十年後，覺醒到新起點，並將之定點在密室生殖系統（子宮、精囊），藉助內分泌激素喚醒主體意識裡的核心能量，進而出現自發性啟靈現象，讓氣血能量在人體生理內處於活躍的高峰期，透過很小的初始能量就可能產生一連串的連鎖反應，並且可以用更短的時間突破障礙而達到周天通暢。因為我隨時都將身心收攝在空間通道中，無論是身心療癒、意識轉化、改變命運、靈性修行，就能在空間通道中自然的運作。

畢竟，自發性啟靈的時間，就像生理節律時鐘一樣，當時間到了，能量就會開啟，不僅力道很大，更會加速地接連不斷撞擊，精微物質能量體就能在空間通道中展開最強大的交鋒，進而衝破了空間多層次、多維度的阻隔，加速氣血能量在空間通道之中流通，將讓人體會到內心平靜與安靜的存在感，而最重要的是，在自發性啟靈中能否提升意識的覺醒，全憑心意下功夫。

第六章

修練開啟密室的方法

密室的開啟，最快速有效的方法是啟動腹部的下丹田能量。就以我自身的經歷來說，經過「翻江倒海」（詳見八十七頁）冥想修練後，當腹腔能量啟動時，會出現腹痛、腹瀉的情形，肚子咕嚕咕嚕的腸鳴聲彷彿翻江倒海般滾轉，然後很快就將肚子裡的垃圾排出來了，就好像把水龍頭開到最大一樣，嘩啦啦地一直狂瀉下來。甚至肚子還會響起霹靂啪啦的鞭炮聲。會出現以上這些現象，是因為下丹田啟動了，腸繫膜能量運動就如波濤洶湧般撞擊，然後就開啟密室的樞紐，帶動了密室深層能量的氣機變化。

之後，我會在睡夢中或靜坐時無意間的放空狀態下，觀看到少腹部呈現一個大宅院的圖像畫面，宅院內有許多房子，房子的門自動地一道道啪啪地開啟，開這個門，又開那個門。但不管開的是哪一道門，都是進入密室的橫向通道。所以從哪一道門進入密室，並不是重點，更沒有開錯門、走錯門的疑慮。起初是一開啟就自動穿越的狀態，無數大小和形態各異的門，開了又關、關了又開，目的都是引導著意識進入密室。

密室裡有許多具備不同信息的房間，它們都是儲存潛意識的專屬空間，也是我們的潛能所在，這時，我們可以選擇要不要穿越，依照直覺行動，選擇要進入哪一個信息的房間。就像我進入的是一座圖書館般的密室，後來在靜坐與作夢時，我經常出現跟書和筆相關的夢，就興起了寫書的念頭。

找到密室的入口後，有門道也要有領路人，「入探寶海」（詳見八十七頁）可以幫助我們處於較高的意識狀態。通常在睡夢中，你會看見一座森林、一片草原、一面大海，甚至是看見一座墳場等，不管你看見的是什麼，必定有一個人隱藏於其中，這個人就是領路人。例如，你看見大海裡有一艘船，意識就要專注在船上，領路人可能站在船頭，也可能在船尾，一定是站在船的某一個角落。如果你遍尋不到領路人，就要看船上的窗戶是關的還是開的，若窗戶是開的就直接進入，若是緊閉的，就要想辦法把窗戶打開。總之，就是要想盡各種辦法進入門內，這等同於進入無字天書的異想世界。

我也曾經在睡夢中，夢見有人帶我進入一間像陵墓的白灰色塊狀密室。我一進入，就看見桌上放了一把鑰匙，我出於直覺就將這把鑰匙握在手上，並插入另一道門的鎖孔裡，順利進入另一間密室。那裡面有堆積如山的文字資料，旁邊還有一臺影印機，我同樣出於直覺地拿起資料，動作迅速地影印一份後，轉身離開到下一間密室。

隨著我的觀察力、注意力和知覺的提升，自然可以在不同階段、不同時期，發現密室就像是一個包羅萬象的流動性倉儲，除了文字資料之外，還有很多更高的意識狀態，有很多我們覺知不到，也感受不到的東西，如同隱藏在水下，不易令人察覺，卻會對人的意識產生深遠的影響。

這些東西包含了無法察覺的感受、情緒等，心理學上把這種無意識的心理活動稱之為「下意識」或「潛意識」。

我由於發現了膻中區的跳動跟情緒有關，便聯想到這跟密室裡隱藏的東西有關。我認為，與其讓它躲藏在暗處主導我們的思想、行為，倒不如打開密室的大門，用積極正面的態度面對，學習與之對話。

開啟密室空間的方法

透過具體的冥想方法，啟動腹部下丹田的能量，幫助我們處於較高的意識狀態，還可以鍛鍊我們在夢中的直覺行動。

步驟1：翻江倒海

意想：腹腔內猶如一片河流或大海，波浪濤濤不停地翻滾。在意念上，要把自己的腹腔想像得無限大，同時颳大風或龍捲風，大海之中波浪滔天，引發翻江倒海的變化。當畫面已經呈現了，就會帶動腹腔內部的氣機變化，發動各個臟器的氣機與潛能。這就是啟動下丹田，發動先天及後天物質能量基礎。在之後的睡夢中或靜坐時，就算你沒有進行意念想像，也會自然出現大宅院的幻象，門會自動打開，就是密室的開啟。

心法：在意念想像之初，可以加強意念活動，畫面呈現波濤洶湧之時，就要消除意念，讓它自發地動，下意識地動。

步驟2：入海探寶

意想：下丹田（肚臍下三吋，即小腹部位）啟動時，先天深層的能量也會翻湧出來，密室因而呈現不同的光影，甚至湧現出波濤洶湧般的能量運動，既是生命的泉源，也是能量運動的根本所在。要注意的是，這些能量都不可以超越膻中之上，才有助於密室能量持續地開發與啟動。接著，你就要在大海中尋找亮點，目的是把精、氣、神高度專注在一個亮點上，這是意識的內求法，有助於專注力的培養與潛能的開發，為智能注入源源不絕的能量。

總之，「翻江倒海」與「入海探寶」冥想修練，既是生命泉源的能量運動的根本所在，也能讓你維持專注。由此所引發的想像力，以及想像具體畫面的激發下，腹部將呈現多種不同顏色的光影變化，甚至出現一個不斷開門的過程，就能引領我們直達密室那裡。

心法：如果一開始就高度專注於一個點，是難以辦到的。可以先想像大面積，然後再想像你的精、氣、神逐漸逐漸縮小到一個點上，如此才能達到開啟密室的目的。

第七章

探索空間通道目的端——松果體

空間通道的目的端是松果體，又叫做松果腺、腦上體，這個超脫於五感（聽覺、視覺、觸覺、嗅覺、味覺）之上的高等感知能力，千百年來為各個功法、教派、哲學所津津樂道。我們都知道，在許多古老文明的神像、祭司的面具上，或印度的佛像、道家的神像上，在額頭的部位都不約而同地刻畫了這一隻眼睛。為什麼松果體會同時出現在古今中外的文明與不同的宗教信仰之中？無獨有偶的，古希臘哲學家將其稱之為「靈魂的寶座」，認為那裡是宇宙能量進入人體的閘門，是物質與靈性世界之間的橋梁。修練之人往往把那裡視為元神所住之宮，接通靈性世界、領悟生命真義的靈修指針。我能夠覺察密室與內在細微變化的真相，也是因為有松果體靈視能力，才協助我拓展心靈意識的多次元旅程。

在開啟密室的訊號之後，相對也活化了松果體，這不會對身體或靈魂的健康造成任何影響，而是以更健康的方式發揮了獨特而重要的作用，意識將得到精煉、轉化，心靈之眼打開了，讓人更容易接觸到光和宇宙的高維、高頻率，甚至是進入宇宙意識。所以，松果體和密室可以為彼此的訊息加密與解密。

人體本身充滿了謎團，對松果體的認識便是其中之一。科學家透過解剖、觀察和研究，發現它是位於脊椎動物腦中的內分泌腺體，是人體最小的器官，卻有各種不同的能力，到目前為止，科學家只能從動物的身上探知一二，了解其中的奧秘。

科學家已經發現爬行動物的松果體，對於光波和磁場都非常敏感，還能感知超聲波和次聲波（頻率小於二十赫茲，但高於氣候造成的氣壓變動的聲波，人類無法聽到）。因此，爬行動物對地震和火山爆發等自然災害，都非常敏感。例如，有一種極為特別的魚，學名為墨西哥麗脂鯉，也叫墨西哥盲魚或無眼魚，由於牠生活在地下山洞中，眼睛退化，其他感覺器官卻特別發達。而且盲魚的捕食能力一點也不差，只要你投入食物，盲魚就會立即發現，並游過來吃。人類是否也擁有這些神奇的能力，卻是科學家目前不知道的？或許宗教哲學能提供我們一些想像空間，同時我隨著修練而對人體功能日益瞭解，也得以進一步窺知並探索松果體對神秘悸動和超自然的力量。

從醫學的觀點來看，雖然松果體是已經退化的第三隻生物眼睛。然而，人類經過一千七百萬年時間的演變、進化，松果體仍然蘊藏著數不盡的驚奇奧秘。科學研究發現，哺乳類動物包括人類在內，人體空間通道內可能有一條通向松果體、鮮為人知的傳遞光信號的隱密通路，是通往更高感知的視窗、更高維度的視野全景。同時，西方醫學解剖發現，在大腦中的松果體前方有一個生物磁場，可以聚集射線和掃瞄影像。總之，松果體本身除了有生物醫學生理的運作功能外，還具有宗教或神秘學上的背景。它在醫療上被用來幫助失眠和各種失衡的朋友回復身心平衡，也可以從中挖掘人體的潛能。因此，我們有必要從神秘學、人體潛能、生物醫學的不同層面，來探索松果體。

一、神秘學

舉凡神話、迷信與神秘理論，無法用邏輯或現有科學來理解的神秘力量，都與松果體這個神秘器官有著諸多的連結關係。尤其，松果體有著第三隻眼、心眼之稱，佛教叫「天眼」、道教說是「陰陽眼」，道家則稱作泥丸宮、黃庭、崑崙，是具備穿越蟲洞（連結白洞和黑洞的多維空間隧道）能力的星空之眼。為何第三隻眼對各類心靈、靈修，以及愛好神秘事物者，有如此的重要性？它所接收到的，跟兩隻肉眼有什麼不同？

現實上，人不可能有三隻眼睛，所謂的第三隻眼，象徵著覺醒或指示深層靈性啟發的標誌，是在一對肉眼之外的「心眼」。肉眼所看到的一切，都是光的折射，而我們對世間的認識，只是色相的大致輪廓，但可以明辨物象、增加知識。所謂心眼的功能，則是能見肉眼所不能見的超視覺能力。因為心眼能看到不同的面貌，因此可研究心眼不同的面向，帶來不同的知識與經驗。

談到第三隻眼，在華人社會裡，大眾印象最深刻的莫過於《封神榜》裡的傳奇人物：二郎神楊戩，他的額頭上就長著第三隻眼睛。其實，科學家發現了人類的第三隻眼，就是所謂「退化的眼睛」。它出現在人類胚胎發育兩個月的時候，但一出現就馬上開始退化，最後成為小腦前方豌豆大小的「松果體」。在人出生之後，從七歲起松果體就開始退化，因此，民間傳言，七、八歲前的小孩是通靈的。在極少數情況下，有些人會保留這一功能，例如將一生獻給宗教，或是喜好沉思、有特殊能力的人。此外，每個人都可以經過禪修、冥想靜坐、瑜伽、氣功等修持，經由體內能量來活化松果體的原始功用，就能感知到內在高層世界的存在，例如無字天書就是其一。

「第三隻眼」這個名詞，是中國的一種古老說法，尤其偏重於未卜先知的神通境界與功能。所以，只要一談及松果體，我們總會感受到一股神秘的氣氛，很容易讓人聯想起掃描器、超音波顯像儀、雷達、千里眼。有大量證據顯示，松果體是有感光組織架構基礎的，而且有完整的感光信號傳遞系統，充滿視網膜色素。所以，不難想像為何每個宗教、信仰都熱中於研究松果體第三隻眼、天目，各種信仰與宗教也都有相似的標誌，來表現神的全視之眼。早在幾千年前，古代文明就已經知道松果體及其重要性，而通靈問事也是透過松果體來解答困惑、指點迷津，亦顯現出松果體的神秘之處。

大多數人對於內心的事物時常渾然不知，即便如此，此刻你的松果體也正在掃描，必定能偵測到未知的一切，並進行放大與縮小的功能，以及遙視和微視。

簡單來說，人們的兩隻眼睛，本能是向外看，無限地探索外部未知的世界，發現宇宙運行規律，創造了天文學和航太科技等學科。

而心眼就像掃描機，隨時關注自己的心靈世界，向內探索時能看到細膩精微之處，使人發現身體的奧秘，遨遊體內宇宙並揭開其奧秘，發現超乎想像的生命大乾坤，例如人體的經絡和竅穴的微空間，氣血能量的律動、傳導、流動、運化之間所展現的生理微妙處。

如果說，兩隻肉眼是用來發現外在世界，那麼心眼就是用來尋找自己的天命，發現自己的天賦。

二、人體潛能

在修練界或許多古老宗教中，松果體始終有著很重要的地位。我一直到松果體這隻眼睛開啟了之後，才真正瞭解到什麼叫大開眼界。我認識到松果體中內置了像是智慧型手機的 SIM 卡，儲存了用戶身分識別的帳號密碼，以進行連線、應對、接收信息等，會自動搜尋信息並連接上宇宙意識網。因此，人們可以透過催眠和通靈，調閱記錄前世今生的因果輪迴。

松果體內的 SIM 卡會依智能發展的不同，而有功能上的落差，就像 SIM 卡放入手機後，會因系統和裝置型號的不同，而有明顯的效能落差。它還會以從外界獲取的信息為介面，如宇宙中的物質、能量，形成更複雜的新結構，就像智慧型手機安裝應用軟體一樣，可以讓人天馬行空地探索更多，創造各種潛能，提升對暗物質和暗能量的研究。基於此，我們有必要透過修練的方法來提升己身的潛能，才能操作松果體的某些功能，探索它的秘密，也才有能力覺察心智中過去所學的一切，以及自己所擁有的內在天賦。

正如神壇、宮廟裡通靈辦事的法師，用意識感應了神明，或用第三隻眼看見神明的指示。事實上，這是每個人本來就具有的潛能。宮廟是二十四小時開放的，卻選擇在燈光亮度不足的深夜子時開壇辦事，其中一定有什麼原因。而且，大部分的摸骨師、出奇神準的算命先生，大多都是雙目失明的盲人。為什麼呢？因為人體中類似致幻劑的物質——二甲基色胺，是由腦內的松果體所分泌的，在凌晨兩點到四點之間的分泌量最多，讓人更容易跨越到不同維度的世界。人在這種時候的靈感是最多的，有機會達到某種超越，容易視覺到靈異現象。

二甲基色胺在國外俗稱DMT，是一種自然產生的色胺（一種單胺生物鹼）和迷幻藥物，不僅存在於許多植物中，人體內也有一些，主要由大腦分泌。它是一種作用快速、藥效短暫的強效迷幻藥，是通往神明的靈藥。因此，通靈是每個人都有的現象，特別是身體虛弱、具有靈異體質，又容易流於迷信或情緒的學員，若是在半夜兩點到四點打坐，很容易產生幻象。

二甲基色胺是讓人較容易與神明溝通的靈藥，也讓人得以接收宇宙智慧傳來的信息。因此，適合在體內濃度較高的這個時段進行祭改，請求神明發揮神力，並拜請神兵神將來協助，將邪煞災厄、冤親債主請走。或者擲筊祈求神明指迷津，以求能走上人生正確的道路。

研究推測，松果體所分泌的二甲基色胺，與人們發生宗教性神秘體驗、遇見外星生命體或瀕死經驗有關。這都是因為松果體通道開啟，而使人接觸到了異次元世界。因此，若能活化松果體，使其較容易分泌二甲基色胺，那麼這個人就更有可能接觸到異次元世界，以及高次元的宇宙。

二甲基色胺也存在於一些植物的汁液中，南美洲亞馬遜森林的原住民會透過飲用這種汁液來提升通靈能力，近年來在歐美、澳洲等國也流行飲用這種汁液。喝下這種汁液後，可以讓人更有效地穿越不同維度之間的帷幕（進入其他維度），給予人更深刻且清楚體驗夢中情境的能力。就算在清醒的狀態中，也可能出現與神對話的特殊情境，以及自我意識的擴展與提升，但是這種汁液的具體功能不明，也具有不可預知的風險，例如會影響人體的健康等。

就我個人的經驗而言，剛開始接觸修練時，在二甲基色胺分泌的時段，眼前會出現一大片白色、銀色、金黃色的亮光後，接著就失去意識。後來，我的意識獲得拓展與提升，開始能在夢中意識到自己正在做夢，並擁有清醒時的思考和記憶能力。當時，我看見一位身形高大、臉孔五官清晰可見的古人，還有不知從哪裡來的另一隻手牽著那位古人，緩緩地向我走來。當時我還不明所以，因為心生畏懼而情緒不安，就在我想朝那隻手的來處看去時，突然就失去意識，對於後續發展沒有任何印象。

但是，自從我出現此一古人幻景之後，潛意識信息便源源不絕地進入腦中，改變了我的思維與生活。有許多通靈者或許是在意識不清醒、身體被外靈暫時進入使用的情況下獲得信息。而我在開啟密室本能訊號後，意識獲得拓展，培養出更穩定的往內觀察能力時，才發現人體內存在多維時空，每個部位都有不同形式的幻景。

然而，無論我連上的靈性意識來自哪個維度層次，最常顯現高頻率訊號的時間總是在丑時（凌晨一點到三點），即便我睡著了，那時的意識也會突然清醒過來，看到一些畫面，像是心臟宛如原子核，四周都有電子隨意地圍繞著心臟運轉。內觀看到這些景象後，我還來不及反應，就有一個立體三角錐形的金黃色虛像從右邊漸漸向膻中部位移過來。它移到膻中部位時，放射出五顏十色的光輝。我甚至一度認為飛碟來了！

在經歷這些過程時，我的大腦始終保持在清醒的狀態，因而能真實感應並完全感受到身心的變化過程，進而才對二甲基色胺有更深一層的體悟。二甲基色胺聞起來就像是森林中樹根所散發的味道，具有淡淡的清香，給人一種寧靜淡雅的感覺，讓我在靜坐時意識清醒。我也因此覺察到松果體感光信號傳遞系統的機制，也就是它如何感光、掃描並儲存影像，然後在一個特定部位中顯示這些影像。因此，人的意識必須保持覺照，才能知道信息的來源，讓頭腦與較高的心智溝通，並從更高的眼界探索神性與天賦潛能交會之處。

二甲基色胺是大腦中松果體自然分泌的一種物質，也讓每個人都有通靈的天賦潛能。它使我經歷過數次與靈性的交流經驗，我才對神性與天賦潛能交會之處有一番深刻的體悟。我體悟到，如果把二甲基色胺當作通往神明的致幻劑，接收宇宙智慧傳來的信息，這就如同醫生知道你的病苦根源，卻給你開治標的藥，就會落下病根。但若是將二甲基色胺當作啟動覺照功能的助力，進而穿越自己所有的幻景、穿越潛意識裡的每一道暗流，就能碰觸到內在清明如鏡的自性。如果你的心眼（第三隻眼）只有通靈功能，而沒有辦法幫助人類演化成神智清明的生命，成為先知或洞見之人，就失去了心眼存在的意義。

三、人體潛能和生物醫學的探討

能以超遠距離視物，同時還能把能量的流動和靈體（潛意識）的層次進行分析，這種超視覺潛能力的深淺，要透過修行來擴展。修行的層次越高，心眼的功能越多、越大，也不像肉眼那樣受限於光線。這意味著能進入天眼、慧眼、法眼、佛眼較高的層次，可以連結靈性世界的能量。當心眼活躍於多次元時空的境界時，就意味著超視覺潛能力超越了生物醫學的界線，肉眼與心眼也會合一。因此，人體潛能和生物醫學有必要一起探討。

就如同「欲窮千里目，更上一層樓」，以及視力只有〇・二的話，超過一公尺外的東西就看不清楚等情況，如果想要看得遠、看得清楚，你所在的位置，以及大腦中負責視力、與視覺系統有關的部分也要夠好才行。所以，要拓展心眼視覺範圍，可以分成好幾個階段，各有其境界，也決定了你看到的天書的等級。《金剛經》提到，佛有肉眼、天眼、慧眼、法眼、佛眼，我認為這些境界也牽涉到生物醫學。因此，我藉由生物醫學來探索人體超視覺潛能力，並依佛家把心眼分為五個層次來說明。

1. 肉眼

依佛家的觀點，肉眼是靠著地水火風形成的，也就是血肉所形成的物質，相當粗重，視野和視線必然會受到生理條件的限制或周遭東西的屏障，只能看物理世界的現象。肉眼只能見前不能見後，若要看到後方的東西，一定要轉過頭去看。如果往下看就看不到上面，看上面時也看不到下面。當我們在房子裡，被建築所阻隔，就只能看見房子裡面的東西，沒辦法看見房子外面的事物。同時，肉眼只能看近，不能看遠，無法看到超越正常視力範圍以外的事物。

此外，肉眼一定要有足夠的光線才看得清楚，所以白天能看見的東西，在晚上不一定能看見。這是因為，必須要有光線照射到物體，經過反射後部分光線射入人的眼睛，在視網膜上成像並刺激視神經，傳送到腦中的訊號形成了物的形體，我們的肉眼才看見了該物體。所以，不管那個物體是發光體或非發光體，都必須有光線進入眼睛，我們才看得見。

2. 天眼

依佛家的說法，天眼就是超越了大地的遠近、時間的過去和未來，一切現象都能明見，不會因生理條件的限制或外在的遮蔽，而使得天眼視覺受到阻礙。所以即便我正在寫作，雙眼直盯著電腦螢幕的同時，也能內視到密室靈性光芒的活躍度，甚至看到頭頂、身後站著眾多人影。我在夜晚靜坐或睡夢中時，也能看到屋外的星空。

天眼可以像這樣看近、看遠，也可以看前、看後，同時往上、往下看。白天和晚上都可以看見。即使人待在房子裡，也可以看見外面的東西，對於距離千里之外的東西，能調到近的地方來看，近的地方也可以放大來看。要看遠近、前後、內外、上下，統統沒有障礙，就像是智慧型手機螢幕的放大與縮小功能。

同時，我還可以看到各種光、不同維度空間的靈性訊息。尤其是家母辭世後，我經常靈視到家母以各種不同的能量光團，出現在靈堂、家裡的每個角落。七七四十九天過後，我還可以靈視到她轉化成另一種人形的影子，佇足在白色半透明玻璃鏡面上，或看到她的影像體從玻璃鏡後面走過去，甚至看見身後有一個長長的影子走向我。

神奇的是，家裡的廚房突然飛來了一隻蝴蝶，但我追到客廳時，牠就憑空消失在眼前。在家母過世快滿一週年時，我經常在聽到走樓梯的腳步聲之後，接著又聽到隔壁房間開門的聲音，由於家母生前上了樓梯後總是習慣先到隔壁的房間開門看看，所以我能判斷那就是家母的靈體發出的聲音，而且不管白天或黑夜，家母均能來去自如。

為什麼我在白天也能靈視到家母和聽見她的腳步聲？那是因為白天時我體內的二甲基色胺濃度較一般人來得高，大部分人都是在半夜兩點到四點的這個時段分泌二甲基色胺，所以只能在半夜出現感應力。對我而言，母親過世後的種種體驗，揭示出一個特別有深度的啟示：雖然身體是單一的，而內在靈性卻是多重的，所以天眼的鍛鍊只是心眼層次高低秘修的起手式。

天眼和松果體有密切的關係。雖然截至目前為止，醫學與科學界尚未完全釐清松果體的功能與運作方式，不過，已經獲得證實的部分是，松果體具有眼睛的一切結構，以及可分辨光與顏色的蛋白質。在傳說中，這個充滿謎團的器官，除了不需要用肉眼就能看到一般人所能看到的景象之外，它還可以內視、微視、透視、遙視，是我們內在的視覺，即所謂天眼的功能。

簡單來說，肉眼和天眼的差別，就像是傳統單焦相機與智慧型手機附設的數位相機，在功能差異及應用面上的不同。

人類的普通雙眼像是照相機的鏡頭，具有對焦、採集光線的作用，就好像我們注視著智慧手機的螢幕畫面時，眼睛必須維持定住不動的狀態，水晶體猶如照相機的鏡頭，藉著調整厚度來對焦。而天眼具有類似於使用智慧型手機拍照時，對於要拍攝的畫面，可以直接用手滑動來進行放大或縮小的功能，它可以隨著意念進行遙視、微視，看到遠方的影像或被隱藏起來的信息能量。

回顧一九八〇年代的氣功熱，誕生了許多醫學武術奇才，也因此在練動意功（一種氣功）時期，郭老師教我們可以將對方的影像拉到眼前進行重點放大、縮小的診察，同時也可以利用縮影療法，只針對身體的某一個局部進行調理治療。

以下介紹的就是郭老師教的功法，松果體的鍛鍊術：二龍戰珠，這同時也是鍛鍊天眼的方法。

松果體的鍛鍊術：二龍戰珠

意想冥想：兩個腎各是一條龍，上部是龍頭。這兩條龍中間有一顆明亮的寶珠。兩條龍活靈活現，當左邊的龍頭把亮點奪去，右邊的龍頭也立刻奪回，明亮的寶珠不斷地左右運動。然後，想像脊椎是黃龍，珠子由龍尾進入，至黃龍的腹中，往上走到黃龍的龍嘴，寶珠從龍嘴裡出來又進去，進去又出來，反覆吐、呑、呑、吐，然後在黃龍的口中轉。接著，想像黃龍的龍頭在自己的兩眉中間的內側，然後到下巴部。寶珠從黃龍口中咽下，經過腹腔又回到二龍搶珠的地方。

此時，想像二龍搶珠的畫面，這珠子正在命門（肚臍正後方）內側的下方，上下左右跳動，兩條龍搶珠的速度開始加快。龍身、龍尾大幅度地擺動。寶珠變得更明亮，五光十彩。寶珠又隨著黃龍的尾部進入其內部，到黃龍的頭部，龍嘴又開始呑吐寶珠。黃龍一邊飛躍，身體一邊前後左右擺動，龍嘴繼續吞吐寶珠。最後，寶珠回到黃龍的龍嘴裡，顏色更加好看，更加明亮，把整個黃龍的頭部都照亮了。然後，寶珠隨著黃龍的身體緩緩下降，又到二龍戰珠的地方，照亮了整個腹腔。接著，二龍在相互搶珠，再反覆地想、反覆地練搶珠十到二十分鐘。練習結束時，記得用意念把寶珠收納回密室。

3. 慧眼

慧眼的功能到底是什麼？有些人聯想到的是《西遊記》中，孫悟空的獨門絕技——火眼金睛，能識別善惡、吉凶，而且能看穿妖怪的本質。

在《大寶積經》卷十八裡，就講到慧眼的功能是能通達於彼岸。從佛教觀點來看，慧眼就是能看出一切事實真相的眼。只要具備這樣的慧眼，來觀照到心所造作一切的善惡、吉凶禍福，就沒有了煩惱和痛苦，所以慧眼等於開悟明心。

以慧眼來觀照，讓我憶起第一次看到透明小人從密室中醒來，並起身打開密室大門的幻景。從那之後，我在靜坐時或夢裡，經常靈視到密室裡出現大宅院的幻景。大宅院裡有許多房子。而我去開這個門，開那個門。然而，無論這道門是進入另一個死胡同，或是通往太陽，實際上仍然是在密室的橫向空間通道裡，其中的差異，在於前者是在迷宮裡打轉，後者則是釋放了那些深藏在潛意識裡的枷鎖。所謂的解脫，是開特定的門之後，從密室的橫向空間通道，向上轉往松果體與天門之間縱向的空間通道高速起飛。如果你不管在密室中開哪一道門，都能直接向上對接到松果體矽洞（松果體是矽的強力集合體，矽洞是一種可以接受宇宙智慧的特殊通道），就是一步到位。

以慧眼來開悟明心，不是指靠能量的運轉，而是打開密室裡的門之前，直覺所選擇的那條路、開那一道門，是一種長期以來智慧的引導。所以，慧眼等於是打開與宇宙連結的鑰匙，以此可直接通達更高層的意識所在。

事實上，宇宙間萬物的本質是能量，一切都是靠能量的運轉而改變之。就像桌子、衣櫃、櫥櫃，雖然形狀和功能都不同，本質都是木頭。即便在幻景中開這個門，開那個門，都只是量的變化，質並沒有改變。

我認為，「火眼金睛」只能明辨神仙、妖魔鬼怪，並不是慧眼，卻是鍛鍊慧眼的方法之一，是禪定力的修持。

若要進一步深入空間通道的核心，對密室與松果體的奧秘進行探索，必須有禪定力才能專注地修持。

禪定力，是修持力的循序漸進，既非求得來的，也沒有具體的時間表。有很多修練者喜歡空心靜坐，坐在那個地方，頭空、心空的，其實已經掉入了「無記空」。無記空就是，既不是止，也不是觀。止是定，觀是生慧的關鍵。無記空是沒有定、沒有慧，就是空心靜坐，即使意識清醒，卻不知道自己在喃喃自語什麼，或對於眼前呈現的幻景視而不清、不明，喪失了觀察內在生命的機會，就不是真正的禪定。所以六祖大師在《六祖壇經》講到，只有定慧等持才是真正的禪定。相同的，練氣功站樁時，若執著在氣的舒爽感覺，容易淪入無記空的境界中。實際上，離真正的禪定、真正得大智慧，相距有十萬八千里！

定中生「慧」的竅門方法，是精神高度專注在一個對象上，你可以先想像大面積，然後將精、氣、神逐漸縮小到一個點上，然後把專注的範圍逐漸縮小，全神貫注於這個點上，就能促使全身各部位的氣機、細胞都運動起來。

很多人都練過太陽觀想法，在清晨旭日東昇與黃昏太陽西沉時，觀太陽三、五分鐘後，閉目將意識守在腹腔，想辦法將太陽殘留的光停留在腹腔，並強調停留的時間越久越好。當我們專注地這麼做時，會發現光影中有一個點特別不同，若繼續高度專注於此點時，會發現點中有影像活動，這與潛意識有關，反映出你心靈深處的狀態（詳見第九章說明）。這個方法也可以具體應用在醫學上，每天觀人體解剖圖，觀來觀去，就不是圖像了，自然會顯現出其他新的圖像。在看病診察時，認真地看對方，自然也能看出疾病之外屬於信息層面的問題，這也是修練慧眼的心法。

火眼金睛鍛鍊術

睜大眼睛看一幅畫，或是佛菩薩和上師的圖像照片，盡量不要眨眼睛。在看圖片的過程中，認真專注地、目不轉睛地看，三至五分鐘後，當你看得出神了，就能看出來圖片有什麼變化。要是沒有變化，可以暫停練習，給自己休息與放鬆的時間，然後再返回重新開始練習開啟密室空間的方法：翻江倒海、入海探寶（八十七頁）。看來看去，就不是圖像了，自然會顯現出其他新的圖像畫面。

可以每天靜坐前練習，每次練習三至五分鐘。

4 法眼

法眼又是什麼呢？簡單的說，松果體可以偵測到先兆，許多突發事件其實是有先兆的，而松果體的「視覺」功能，能夠偵測信息和掃描圖像，因此能在腦海中成像，就像自動照相機中具有偵測功能的拍照程式。所以，腦海中成像出現的幻景，就是松果體偵測到的先兆。

當道路上發生各種違規情況，例如超速、闖紅燈的車輛，自動照相機就會拍照舉證。法眼就像是那自動照相機，松果體則是具有偵測功能的拍照程式，所以我們會做一些提示性的夢，夢中的圖像和故事所給予的提示，以及日常靜坐時出現圖像清晰的彩色幻景，就是松果體偵測到的。人往往在收到厚厚一疊的罰單時，才知道自己的違規情形，如闖紅燈、超速、未依規定轉彎等，除了繳罰款之外，應該要記取經驗，意識到問題的根源在自己的行為上，而不是把焦點關注在擺放照相機的地點，以免下次被拍到違規情形。所以，法眼能鍛鍊松果體的「視覺」功能，也能修練去斷除不良習氣。我們可以用下面的觀想法，獲得法眼。

方法

日常練習時，觀想腹部有宇宙能量、大自然萬物的美好。如同孟子說的「萬物皆備於我」（萬物本性都與我所通），松果體能掃描和偵測一切的美妙，心眼必定能偵測到未知的一切。進一步深入到無意識的狀態，內視到未經想像情況下就自然出現的幻景，就是練習的效果呈現了。

可以每天在靜坐時練習三至五分鐘。

5 佛眼

什麼是佛眼？我把佛眼定義為，是肉眼、天眼、慧眼、法眼功能的無界合一。而且，我透過修持，發現了天眼輻射出的光波將由綠轉為藍色，再轉為紫色，甚至在眉心處顯現蓮花組成的花圈，朵朵蓮花開闔的景像，這些蓮花一瓣一瓣層層往外展開，每一朵都有和諧的頻率，然後我得到了屬於自己的喜悅、自由與平靜。拓展了矽洞的內在通道後，無論你是睜眼、閉眼，在白天、夜裡，陰暗處或太陽光底下，可以從佛眼覺知所有一切，對內在生命進行秘修。

第八章

修練活化松果體的方法

地球上所有生物的身體中，原本都具有潛在的能量，只是被不良的生活習慣，如抽菸、酗酒、熬夜、長時間缺乏運動、蔬果類食物攝取不足所掩蓋，被時間所迷離，被惰性所消磨，這也是松果體弱化的重要因素之一。因此，我們有必要鍛鍊松果體，啟動松果體本身的能量流動，讓松果體提升到較高的振動頻率，就能維持空間通道能量的穩定，達到氣血清淨、運行和暢，陰陽平衡，進而激發身體內在的潛能。

一、找出松果體鈣化問題的關鍵

過去的傳統方法著重在積極開發並啟動松果體，尤其是打開第三隻眼後的超自然能力奇蹟。但與其思考要如何鍛鍊松果體，不如先找出松果體鈣化問題的關鍵原因，是老化現象、日常生活飲食習慣、內心糾結的結果，還是生理因素引發的。先找出問題才能改正，並且根據問題點來調整，以使它恢復原本的功能作用與活力，這會比一味的開發鍛鍊松果體，有更積極且有益的效果。

雖然我們都不是具有生物醫學背景的專家，但只要培養了內在感知，就可以穿透那層屏障。例如，你有沒有無緣無故覺得心情煩躁，到了睡覺時間，在床上翻來覆去睡不著，或是疲累消不掉、難以長時間專注在任何事情上、因為不安而心臟狂跳、突然感覺自己老了好幾歲等情況？不管是生理或心靈問題妨礙了氣血的正常運行，都會導致人體的防禦能力下降，使得自癒能力根本發揮不了作用，這可以說是現代人普遍都存在的難題。畢竟沒有人能在日復一日衝刺後，還不會感到疲憊。

當你發現自己逐漸失去了工作動力、經常出紕漏，特別感覺到肩膀、上背、頸部的氣血能量循環很差，肌肉容易疲勞痠痛，甚至有許多上班族一到下午，脖子就開始又緊又硬又痠，連帶頭腦也昏沉，大腦變得不靈光。這種情況雖然稱不上生病，但怎麼也說不上健康。如果有上述這些擾人問題卻長期忽略的話，將會擴大心身失衡，間接造成了由松果體製造分泌的褪黑激素與血清素的失衡。

我自己也從實證的經驗與省思得到了驗證。因為我早已經習慣了白天看書、吃飯，晚上熬夜通宵寫作，直到清晨五點以後才睡覺的生活作息。我一心等待靈感在深夜悄然降落，每天重複這樣的生活。我也知道這樣長期日夜顛倒，無形中累積的壓力會對身心造成不良的影響，不僅脾氣會變差，也會因為熬夜而過度勞累，使得身體的神經系統功能紊亂，主要的器官和系統失衡，比如發生心律不整、內分泌失調等情況。另外，我對於精神世界的追求過度熱中，形成了自我封閉及孤立的性格，甚至導致悲觀、傷感想法的出現，而這樣的情緒問題也會危害到自己的健康。

後來，我才明白，這些不明原因的心身失衡及關係緊張，主要源自於日夜顛倒的作息，日間活動的時間比較短，致使體內的血清素含量降低。當血清素分泌不足時，人就容易情緒低落、產生抱怨，這是我習慣夜晚寫作時，極容易忽略的面向。

一直以來，由於我經常在夜晚進行寫作與修練，都有沒看到陽光的問題。而血清素是藉由白天曬太陽、晚上在黑暗的場所讓身體休息的規律生活而生成的。血清素會在人熟睡一覺後的早晨到白天被分泌出來，能激發機體的活性。到了晚上或靜坐時，情形正好相反，因為有意識的活動變少了，會有較多的血清素經過酶的催化反應而轉為褪黑激素。可是，一旦眼球見到光，褪黑激素的合成過程就會被抑制住了，這就是為什麼夜班工作者、深夜開燈睡覺者，免疫功能可能會下降，體內褪黑激素量也不足的原因了。由於血清素是睡眠荷爾蒙褪黑激素的原料之一，缺少了原料，就會使褪黑激素的產量降低，進而導致睡不好、失眠、睡眠不足之類的睡眠障礙。

當血清素的分泌量足夠的話，就可以讓精神維持穩定，同時使大腦處於鎮靜清明的狀態，並且連帶維持夜晚的褪黑激素穩定分泌，使人擁有良好的睡眠品質，對機體的生物節律、睡眠、免疫功能等多方面生理功能，均有重要的良性影響，亦能使人長壽。

1. 血清素是什麼？

對一般人而言，比較熟悉的是血清素和褪黑激素，並不認識二甲基色胺。血清素、褪黑激素和二甲基色胺，都是由松果體製造分泌而成。血清素的分泌在白天達到高峰，會讓人清醒且愉快；到了夜間，就開始分泌大量褪黑激素，讓人昏昏欲睡。另外，二甲基色胺能激發強烈情緒、改變意識狀態，讓人更有效地穿越不同維度，使人進入所謂的「通靈」狀態。其中，血清素能夠調節二甲基色胺與褪黑激素之間的關係。尤其血清素和褪黑激素之間就像陰陽變化，有著「相互對立又依存」的密切關係。

會妨害血清素生成的原因有：偏食、營養不良、飲食不佳、運動不足、工作或人際關係的壓力、容易生氣發火、缺乏睡眠、陽光量不足、消化不良、感染、發炎、血糖失衡、吸菸、過量飲酒等。所以，如果要提升血清素，就要多從事戶外運動，同時藉由多運動、規律生活、注意飲食等，來維持身體活力，並注意要有足夠的日光照射。血清素的多寡，會影響到褪黑激素的分泌量是否足夠，只要褪黑激素濃度夠，就可以幫助入睡。

2. 揭開褪黑激素的神秘面紗

褪黑激素的化學結構非常簡單，但在人體內卻具有舉足輕重的作用：監控著體內各種腺體、器官的運作，指揮各種荷爾蒙維持在正常的濃度；可以抑制人體交感神經的興奮度，使得血壓下降、心跳速率減慢、降低心臟負擔；能夠減輕精神壓力、提高睡眠品質、調節生物時鐘、緩解時差效應，而且具有加強免疫功能、抵抗細菌病毒，以及預防癌症、老年癡呆症等多種疾病的功效。褪黑激素就像是人體的仙丹妙藥，遺憾的是，它會隨著年齡增長而下降。為什麼？

A. 人體受到生理成熟的制約，褪黑激素在體內的濃度與年齡有關，一般而言，自出生三個月後開始上升，六歲時達到最高峰，青春期之後，濃度則隨著年齡增長而下降。加上人類生存環境的惡化，其中有些物質會導致松果體喪失活性，例如汞與氟本身的振動頻率會擾亂矽的頻率，而松果體的組成物質是「矽」，所以會影響到褪黑激素的分泌情況。

B. 缺乏密室對松果體的解密。若能打開密室大門，讓密室的這股能量通過空間通道向上流動，松果體就能提升到較高的振動頻率。

二、活化松果體的方法

活化松果體的方法有許多種，包含有形的、無形的。平常可以透過靜心、冥想、打坐、練氣功等，以體內的能量來活化它，還必須配合飲食。同時，我們也可以從精神、生理層面進一步活化松果體，當靈性提高，覺知的範圍擴大時，松果體就成了通往靈性次元的通道。

1. 飲食層面

褪黑激素普遍存在於地球上的各種生物內，食物當中含量較多的有：燕麥、甜玉米、米、薑、番茄、香蕉、大麥等，但是食物本身含量的百分比均不高。此外，攝取海帶、黃豆、南瓜子、西瓜子、杏仁果、花生、酵母、麥芽等食物，有助於褪黑激素的合成。多多攝取這些食物，以日常飲食來滋補強身，乃至防治疾病的作用，即所謂「醫食同源」，能對松果體發揮正面積極的作用。

2. 精神層面

平常可以透過靜心、冥想、打坐來活化松果體，除此之外，更有意義且值得思辨的問題是，為何古今中外的修道者對物欲非常淡泊？簡單的說，淡泊是一種精神的修為。

若是追求物欲、奢華享受，難免會玩物喪志，喜歡攀比。若能不受物欲困擾，保持純真本性，才能真正觸及生命的真諦，也不會為未來煩惱了，而有助於松果體活化。

3. 生理層面

不管透過何種形式的肢體運動，我個人認為，關鍵是強化心肺功能。一旦氣血能量循環的動力增強後，上背部及肩頸部位自然能獲得放鬆，松果體的通道便會順暢。

體質敏感者，有時會在後腦勺部位感到壓力，這是因為褪黑激素分泌時受到阻礙。我會有此見解，是因為親證了心和腦的關係。當心臟部位增加能量的輻射強度，例如保持心情愉快，那麼心臟後壁就會向後腦勺輻射出一股能量，刺激了後腦勺的能量流通，事實上這也幫助了松果體掃除障礙，並增強松果體的功能活性。同時，松果體的活性會使心臟右邊的壓力高於心臟左邊（正常的心臟中，左邊的壓力比右邊高）。也就是說，要注意心的功能（包含生理、心理）正常與否，還包括心臟後壁（左膏盲穴、左肩胛）的放鬆與能量的淨化，松果體與心臟之間在生理上是相互聯繫，相互制約。

尤其需要注意的是，心臟後壁的放鬆及能量淨化，與肺部有關。肺部最怕熱、寒、燥，只要這些熱寒燥之氣滯留於肺部，就像是未完全熄滅的殘留餘火，會給心臟功能活動帶來潛在的壓力，讓情緒變差，心臟的生理功能也會受影響。所以松果體活躍程度老化的問題，不僅是心臟和腦部的問題，也與肺功能有密切的關係。

所以，要活化松果體，非一日之功，更不能只鍛鍊某個部分而忽視其他部分。鍛鍊者要根據自己的健康情況、心理狀態，從飲食、精神和生理層面著手。

修練活化松果體的方法，是一個持續不斷修練的過程。如果急於求成，便沒辦法進行到空間通靈的修練，覺察內在小孩在空間靈性變化的過程。

第九章

覺察空間靈性變化的過程

動意功是在修練如何動用我們的意識（尤其是潛意識），以達到強身健康、開發智能，最終抵達「超凡入聖」境界的氣功功法。此功法早在三十多年前就傳授了「觀內在小孩」的修練方法。當人在高度入靜時，能夠觀看到人體內部確實存在一個縮小的小孩比例的人影，它非常靈活，有高矮、胖瘦、大小、黑白的不同。

我是怎麼發現自己內在的白黑小孩？在我不斷淨化身心並建構空間通道的過程中，在靜坐進行內觀修練時，那個小孩的影像特別清晰，我便專注於小孩的影像，發現它的腹腔有一個小黑點，我再進一步深觀，發現那裡竟然還藏了另一個小小人。即便是在修練的人，無論能否觀察到內在小孩，都會深受世俗觀念的影響，認為這種小黑點的小小人是不好的。一直以來，修練者都是觀白胖的小孩人影，並認為它的白胖形體的大小象徵著修行的德性！因此，這個烏黑小小人的出現，確實讓我充滿焦慮和擔憂的心情，尤其是後來這個原本只是小黑點的小小人，竟然在我的體內範圍變成高大的人影。於是，我從原本專注凝視著無字天書，另外開啟了動態能量的視覺旅程，跟隨著烏黑小小人的身影，認識空間通靈的屬性與特質。

白小孩、黑小人有何不同？

內在的白小孩和黑小人究竟從何而來？為何有白黑的區分？在解答這個問題的過程中，我知道了自己在未出生之前是誰，從哪裡來，要到哪裡去！專注凝視白黑小孩，竟然能讓我跟隨靈性訊息穿越時光隧道，進入異次元世界，才得知白小孩、黑小人其實是靈性訊息凝結的印記。

內在小孩的影像，其實是人體的縮影，是精、氣、神的能量信息的高度集中，而形成一種人體形式的縮影。所以，當修練者修持到一定程度，就容易觀看到白小孩和黑小人的具象存在。

白小孩影像是由於人的思想、感受和行為吸收的頻率，所產生的虛幻假人，非人為的力量能夠刻意創造出來的，而是來自原生家庭、教育、成長環境、朋友等，在生活中深刻形塑而成的。所以，白小孩會轉化成後天潛意識，也會影響自身意識並在潛意識上產生作用。因天性、秉性與習性不同，以致小孩影像有胖瘦、大小的不同，即使純白，也有極白、白灰明度、亮度、深淺等顏色與白光的差別，這是能量信息的純淨關係所造成的差別。

烏黑小小人又是如何形成的？它是先天的潛意識，在我們出生之前就已經形成，是一種意識的集合體，反映著我們累世經歷的情感、氣質、習慣、興趣、情緒，還有行為模式等。這個複合而成的個體影像，就像把一百、一千、一萬、一億個人壓縮成一點這樣的大小，所有的烏黑小小人都像是一個微型黑洞。因此，白小孩腹部藏著的黑小人，若依照老子「有無相生」的宇宙論思想，以及宇宙中萬物萬事都有相對的觀念來說，「白」相對的就是「黑」，白胖小孩腹部的小黑點，正是陰陽相濟的關係。以潛意識觀點來看，這個微型黑洞小小人是心理的深層結構。

小小人之運作與心腦的關係

我所關切且亟欲探究的是，為什麼烏黑小小人會從抽象變成具象地在我的身體裡盤旋，有時它在心裡隱隱約約、模模糊糊地動起來，有如雲霧，時而濃密、時而稀薄，是一種不確定性、充滿變數的細微能量流動。我透過細微的覺察，進而碰觸到內在深藏的情緒，感知到自己莫名而生的情緒亂流。人都有情緒波動的時候，有時也會怒不可遏，或是在心裡共存著善惡、是非兩極的矛盾對立。然而，解鈴還需繫鈴人，若想明白微型黑洞小小人之運作與秉性和習性的關係，就要靠自己覺察、返照。有無察覺到小小人一事，實際上也可以看作是否為靈修的分水嶺，如果有察覺到小小人，就會是超越一般人的心靈能覺知的狀態，如果無法覺察到小小人，就會落入迷信、落入執著。

內在小孩是透過意識專注修得並匯聚的光影，在腹部的能量明點活躍之後，就能觀修成像。可是這種微型黑洞小小人並不容易觀測到，因為它是由各種生物本能的能量所構成的本我，完全處在人的無意識之中，從深層支配著人的整個心理和行為，成為人的一切動機和意圖的源泉。唯有增強生命能量，提升專注力、增加洞察力，才能一路從內在小孩、內在小孩的腹中，追尋到生命能量的起端，以及心靈能量磁場存在的密室、龍穴位置。接著，你就能即時捕捉到無意識支配人的行為、態度、觀點、信念、理想的機制，透過烏黑小小人的模樣認識到潛意識的一切動機和意圖的源泉。

察覺內在湧起的種種細微變化

我在修練的前二十年，著重於內在小孩的觀修方法，因此沒有認識到微型黑洞小小人的真實性。由於沒有先例可循，我這一路的探索過程十分艱難而曲折，要尋找到問題的答案和對策也是艱難的。但是我也相信，人生來是事後諸葛的，縱使身為修練人，也是事後解悟的居多，解悟後再起修也是可得證悟的。然而，這種親身感受無法用語言來表述，以至於我看到的無字天書既沒有文字，也沒有圖像。如果不做內觀功夫，禪定不足，僅憑自己的感覺和猜測，無字天書就會是一張空白的紙。這時候，人們經常去做的就是不斷追求感應或神通，但在不知其所以然的情況下，就極可能由解悟轉為迷信及錯誤的執著。

我走過了三十年的修行道路，對這條路線非常熟悉，比任何人都明白，所有的神通與感應都只是修行上的輔助。但有時，我仍不免希冀神通，熱中於追求各項感應。過去我為何迷信執著於感應，又如何從迷信桎梏中一步步走出來，幫助我從修練的實證中啟悟內在的智慧呢？

當時，我覺察到心裡隱隱約約的有股氣流成形，而且這股氣流變成拉長的火焰，我因為不明就裡以及對於未知的恐懼，便求助請示某一些鬼神的靈力來協助，這也是一般人的慣性反應。但是，我在事後覺察到這些作為反而會增強了追求感應的負面行為，助長了火焰開始猛烈燃燒。還好我具有某程度的自省力，便更進一步地走入更深的念頭，去看這樣莫名而生的激烈情緒是從什麼時候被植入到內在劇本裡，以致造成這些生理與心理上的不平衡。

現在回想起來，當初我無心插柳，利用假日在社團、里辦公室、公園裡為民眾進行氣功義診，舉辦健康講座等活動，才有機會深度進入內在探索、掌握靈性進化的指南，找到自己真心渴望的是「成為一名身心靈修練作家」。我透過寫作的模式與潛意識進行對話，並在過程中把密室與松果體連結成空間通道，把潛意識、顯意識和意識合一；從心（膻中區）、腦部到腹部三個不同層次，相互聯繫成一個系統結構，最終創造一條連結宇宙能量的通道，光波能量得以在空間通道中輸出、輸入，密室和宇宙信號的能量交會於松果體，因此而形成的共振，則活化啟動了松果體，而松果體就會像自然的調音器和增幅器，調整密室龍穴的氣場狀況，可以幫助我們平衡身心能量，淨化磁場，進而內觀到潛意識的一切動機和意圖。我因此翻開了無字天書，開啟與潛意識溝通的通道和練習機會。

從被動啟靈轉為主動覺醒

如今回想起來，我依舊懷著深深的感恩之意，感受到人生沒有白走的路，每一步都算數。世上沒有白費的努力，也沒有白吃的苦，更沒有碰巧的成功與奇蹟，是挫折讓人更進化，這一切都是未來的基石與鋪墊。

坦白說，我會修練到空間通靈，能夠看見微型黑洞小小人，並對它進行覺察、觀照，起源於當初想把動意功的美好分享給大家，為了鼓勵更多人主動接觸動意功，藉由義診的號召力來打開知名度。然而，我覺得自己修練的經驗不夠，火候不足，便閉上雙眼以求心神的專注而得到感應。經過規律的重複練習後，我再從聆聽的過程中，專心去察覺對方當下體內的狀況，這個過程也像是在閱讀一本書，書裡的圖像就像推背圖一樣，巧妙地隱喻了對方的內在正發生的事情，絕大部分都顯現了對方的疾病是源於身心或更深層次的不和諧現象。

印象最深刻的是，我觀察到有一位同道的腹部顯化了兩個內在小孩吵架的幻景，我的解讀是夫妻意見不合或吵架了。我為他做完能量調理後，婉轉告知是情緒激動引起的症狀。他立刻氣憤地說，最近和老婆吵架了。因為老婆身體不適，脾氣很大，兩人一言不合就吵起來。我又再做一次調理，並給予好的意念和道德勸說後，他的心情平靜下來了。我再次觀看對方腹部的幻景，就有了一些改變。下次我再見到他時，腹部不和諧的幻景已經變成和諧相處的幻景，並且這幻景還對我作揖行禮。他也開心地說，當天晚上就按照我教的方法幫老婆調節能量，不僅給彼此帶來更多的話題、增進感情交流，老婆的身體也舒服多了。

原來，別人的天書也會和我相互感應，我的意念也可以寫入他的天書裡，也就是說，無字天書是可以被重新編寫的，代表命運是可以翻轉的。我可以感覺、意識到對方身體裡的無字天書顯化出內在小孩相互敵對狀態，而神奇的是，在我的能量關注下，對方內在的狀態也會產生變化，從原本的不和諧立即產生轉變，成了打躬作揖的狀態，同時對方也覺得身上的毛病、不舒服因此改善了。所以，我深切地領悟到，每個人的天書都會隨著能量狀態變化而產生起伏。

其實，人體內在的每一處空間，都是一個微型小劇場，身體裡的任何部位都能呈現出各式各樣不同的幻景。例如，我就曾經在幫人調理身體時，心裡想著好念頭，對方的內在小孩就拿出花圈，由於致祭花圈的這個幻景象徵了不吉利，所以內在小孩有可能使壞。如果內在小孩使壞，釋放出不良信息，我只能協助對方啟動正能量，對方必須靠自己調整心態，排除壓積在心頭的各種不良信息，才能重拾身心健康。

在我習練動意功之前，就已經發覺了內在小孩的存在，習練之後更能覺察內在小孩的靈性在空間的變化，領悟了白小孩和黑小人的屬性與本質都不同。我也從動意功修練中昇華而領悟到，修練的最終目的都是要達到白小孩和黑小人之間節奏頻率共鳴的同步化，就不必擔心它們搞破壞，或只是單純的相信內在小孩可以幫助我們實現願望。

所以，空間通道的建構與功法，目的是要萬念歸一，讓白小孩和黑小人在空間通道中進行融合（詳見本書下一章的說明），能讓我們突破自我局限、轉換意識，達到靈性共融的境界！

第十章

空間通道與小小人和意識的關係

第十章／空間通道與小小人和意識的關係

有一天深夜的睡夢中，我的意識突然變得清醒，同時目睹了空間通道跟微型黑洞小小人的關係，小小人把牆壁上懸掛的字畫拿下來時，手滑了一下，咚的一聲，讓字畫不偏不倚地砸在我的頭上。我趕緊睜開眼睛看了看，字畫還懸掛著，並沒有掉下來，為什麼頭部被砸中的部位會感覺疼痛呢？

一場與幻景的邂逅，就此讓我開始意外撞擊出走向不同空間的一條路。這讓我不禁懷疑，身體空間中有多少如夢似幻而我們沒有覺察、觀照到的幻景，它們對這個世界的影響力有多大，是好是壞，是幸或不幸，快樂或痛苦？這些超越時空的動態幻景，如何對我們的身心靈一點一滴地產生影響？

當蟄伏於心靈底層的眾多潛意識逐一顯化，並從密室浮現上來，你就會看到人體內在彷彿是一個世界，存在著眾多微型黑洞小小人，而不是只有一個（人體內在存在著眾多白小孩，而白小孩腹部又藏著另一個黑小人，黑小人則是潛意識的集合體）。這個畫面看起來像是一種原始時代的洞穴壁畫，由極簡單的線條構成，也像是學齡前小孩的畫，是人類原始就具有的顯意識與潛意識之間特殊聯繫的思維方式。密室浮現的這些小小人，都明顯是一種內在的反映，是由人體細微能量場所組成的，也是眾多潛意識的其中一種型態。

初看到時，這些小小人都會動，只有等到小小人安靜下來，真相才會披露，由此邁向更深刻的思想層次。因此，我們有必要學習靜心調適身心壓力的方法。覺知自身情緒的目的，是要學習讓毫無章法亂竄的小小人，安靜下來且有秩序地坐在座位上，讓我可以好好地內觀天書裡的這些小小人，進而發現它們原來有不同面貌，而且樣子很多元，彷彿正在進行會議，一起交流討論，而我只能透過那些小小人的神態、動作來進行解讀。同時，專注凝視時，往往會引發我們的意識和潛意識的交流，所以進行專注凝視時，要有正面情緒和思考。

萬念從某一個原點分離出來

在修證過程裡，我觀察到一個現象，就是那些小小人總是三五成群地一起從空間通道起端——密室出現，不過這只是占水面下潛意識的極小比率而已。此外，在內觀禪修靜坐時，小小人有時牽著另一個小小人走，有的卻是形單影隻。

後來，我才更進一步了解小小人具體的信息。那時，每隔一段時日，我就會夢到祠堂（家廟），卻始終未能進入家廟門內，之後才終於進入家廟祭祀祖先。這個夢啟示了我，農曆過年時一定要參加家族的祭祀活動。巧合的是，我站在神桌前祭祀的一刻，無意間看見一道光中隱約有幾個人影，突然明白了「合爐」的意義。

對大多數人而言，合爐的意義是把亡者的魂帛（臨時牌位）燒掉，並將名字寫在祖先牌位上，再取亡者爐灰的一小部分至祖先香爐中，歸入原本的祖先牌位裡一起祭祀。但另一層意思正是極精微能量高壓聚焦到一個點上，這或許是道家煉丹結丹的真實成果——「一粒粟子藏世界」之說。既能合，自然也可分離出千百億個。那麼，三五成群的小小人，必然是從某一個原點分離出來的。

萬念歸一心，其首要之務在於對微型黑洞小小人的瞭解，深入探究它的本質。我相信埋藏在水面之下的絕大部分的潛意識，是由數不盡的小小人組成的。小小人就像暗物質一樣，不斷吸附周遭的意識，不發光、不發出電磁波、不參與電磁相互作用，所以無法用任何光學或電磁觀測設備直接「看」到，但它們卻不斷地把所吸附的意識，銘印植入於人心，讓人在意識上產生一種感受。

因此，在很多情況下，微型黑洞小小人輸出異常的信息，我們卻無法準確地

「接收到」，累世的習性和無明就會持續不斷影響自己，以致我們需要耗費許多精力，不斷進行累世因緣的清理。不過，無論你採取何種方法，最終都是徒勞無益的。因為你不能把小小人當作垃圾那樣看待，以為扔了就沒事了，而是要真正看清小小人的內在核心意義，及其所含的潛意識的指引，才能真正斬斷累世的習性，修練出清明的靈性能量。

微型黑洞小小人是潛意識的一種存在形式，是一個龐大記憶庫的縮影，是包含了本能、衝動、驅力、生理機械反應的低層潛意識世界。有些像隨身碟一樣存載了許多資訊，會記錄你既往的生命經驗，而且會主動地將這些被記錄的生命經驗，轉化成恆久不消散的信念，這些信念在心理學中被稱為「銘印」，不是像刪掉電腦軟體那樣可以任意移除的。

無字天書給予我的啟發，是要在天書中讀到自己，反思自我。正如我在密室空間觀察到成千上萬，虛如實、實如虛，虛實幻滅、似真似幻遠古時期的殘留信息，而這些信息實際上是埋藏在水面下百分之九十五的潛意識中的極小部分，潛意識裡尚有許多人類不知的不同形式的意識存在。因此，我們有必要重新返回到密室之中，定期更新、重新校準頻率，並重新啟動與更高意識之間的連線。

把低層潛意識先往上提升到更高頻率，將之重整調頻到朝密室空間上面行進，就是自我的修練。動意功也是依此來鍛鍊身體內部器官的一種活動，能夠打開身體氣脈流動的通道，提升內在能量氣脈通暢，幫助人們獲得身心的平衡。一方面把意識擴展或提升，對準更高的頻率，另一方面收攝這些心念與氣脈，形成一股心力，做為自束身心的一股重要力量，進而統攝身心於一處而不亂，如此，就能到達空間通道目的端——松果體，達到意識、潛意識的萬念歸一。

這個過程中，我面臨的一個高難度考驗是，小小人是動態的，而非靜止的，稍微來不及觀察，小小人就消失了。我必須增強動態觀察能力，透過觀看、傾聽小小人的運動形式來認識它。這是一個漫長而複雜的過程，必須具備思考力、洞察力，才能認知小小人的本質，朝著實現大意識統一場的整合方向發展。

或許我們認為，要達到身心靈整合的境界，首先必須要無我，放下宗教和門派籓籬這件事，將儒家、道家、禪宗、佛學、基督等教派融合在一起了，與所有的精神力融合在一起，就是破除門派之爭，達到內在大意識統一場境界。

但是，如果你不先改造自己的意識，就算把自己的潛能激發出來，也無法讓自己變得更好。所有問題都發生在自己之內，沒有發生在外在的問題。

問題不是單獨發生的，即使是別人出錯而導致狀況發生，你自己也有責任，因為這代表自己的心理、品德、智慧無法協調統一，對外也無法與他人、社會、環境和諧共處及發展。一旦你的內在能量場融合了，就會發現，比起將各個教派融合在一起，這其實是更難的事。我們往往只能做到寬容而做不到包容，我們歌頌宇宙萬靈融合在一起的圓滿境界，但其實只歡迎與神佛結緣融合，在心中形成一整套階級之分的觀念，然而，只有自我意識才會不認識神仙佛道、妖魔鬼怪等宇宙萬靈。如果我們無法先於內自我融合，心又怎麼能於外與宇宙萬靈融合？因為無法融合，天書裡會有很多雜訊，就很難接收到正確的訊息。

人本身就是「靈性共融」體

在現實生活中，祖先託夢之類的社會新聞時有所聞，像是去世的親人託夢說不要和誰葬在一起，或者表達十幾代的祖先全擠在一起，覺得很不自在。我們可以想見，過去累世來自不同地區的眾多微型黑洞小小人在某個共同空間裡，要克服「靈性共融」的艱難。宇宙萬靈融合大意識統一場的本質，首重於個人的心與靈魂完全融合為一體，同時要有包容「文化多元化」與「靈性共融」的心胸。

要完成融合大工程的方法有很多種，但是不管你選擇哪些方法，重點就是要建構好空間通道，才能重整調頻、重新校準，一旦使密室與松果體的頻率相同，振幅會達到最大，就能保持空間通道的潔淨與寬闊，才足以包容那些清淨的，也包容那些污穢的，能包容善，也包容不善，就像寬廣的大地不拒清淨污穢，也像浩瀚的大海不拒百川細流，更像無垠的虛空無所不含，無所不攝。

我經過漫長的觀察與反思，發現內在能量難以融合，是因為空間通道有太多不同層面的信息呈現，那情況就像是我站在街頭，看著人潮從四面八方聚集而來，人群裡有著各式各樣、形形色色的人，但那些各式各樣的外貌特徵，正如我們從外表之所見的嗎？相信大多數人都不會輕信表象的訊息傳遞。例如，大家對外傳遞的容貌儀態是，隨時隨地都面帶笑容，把感謝掛在嘴上，語氣和善，就像對待親人般盡可能展示自己的慈悲心。但當我們感受到他人的關懷時，卻又懷疑對方的背後還有更深層的動機。也有人顯現出無惡不作的窮凶極惡相，讓大家一看都避之唯恐不及。還有一種人自然地表現出雍容大氣的風度和出色得體的儀態，帶著讓人想親近的氣質，平和、溫暖、坦然，這種內涵豐富才能賦予的優雅氣質是修來的，也與有修持的大師所具備的特質不謀而合。

那麼，小小人在空間通道中是以怎樣的信息呈現呢？我觀察到一個有趣的現象，小小人就像在中國古代封建社會，以穿戴的服飾來區分尊卑等級，服飾所蘊含的深奧信息和普世價值，也會反映到小小人身上。不同官吏有不同服飾，官員辦公時穿的衣服也與平常不同，嚴格的服飾不僅區別官員等級，同時又能分辨出官員所負責的不同職務。所以小小人的外在穿著也傳遞出諸多訊息，例如身分、地位、喜好、人格特質等。

不管小小人變成什麼樣子，穿戴什麼衣帽服飾，都是過去累世播下的種子，小小人的形像是潛意識的印記，也是覆蓋在本心表層的塵垢。它所記錄的都是與靈魂相關的能量、程式語言與原始信息等，跟先祖的靈魂也有關，並且都儲存於密室的大空間裡。所以，小小人背後有一個龐大的潛意識團隊在運作，因而我才稱它為微型黑洞小小人。因此，我們有必要懂得正確積極且正面運用自己的意識，一旦心（膻中區）和腦部到腹部能夠合一，振頻就變強了，意識和潛意識、無意識就萬念歸一，這樣的「大意識」是更高層的意識，人本身會因意識的強大而變得有自信。你就能運用這個「大意識」的巨大能量，來追求想要的一切。當你有危險，大意識也會發出信號通知，就像手機收到訊息時會響起一樣。

意識與潛意識的整合

所以，小小人身上的信息可以間接反映出一個人的內在靈性世界。這世界繽紛多元，那些小小人也有各式各樣的外貌特徵，有大有小、有高有矮，一般來說，小小人的數量多，貴人就多，沒有小小人的，遇事便無法逢凶化吉。雖然小小人多等於貴人多是一件好事，但是還要看小小人穿戴什麼衣帽服飾，有的小小人身著官服，代表此人非富即貴，必定會獲得權勢和地位；有的小小人則是一副凶神惡煞的模樣，代表此人日後必定是作奸犯科的頭目。

為何小小人身上的信息會有如此巨大的差異？因為所修不同，得益亦不同；雖然得益有所不同，在密室展現出來的都是小小人，小小人所具有的各式各樣外貌特徵，傳遞著一個人內在修持的靈性世界信息，會隨著世間一切事物的各種因緣時空一直在變化。例如，身著官服的小小人傳遞著非富即貴的信息，也就是俗稱的福報，但福報額度總有享完的一天，福報用盡時，也就是俗稱的「氣數將盡」，這時候，身著官服的小小人就會發生變化。所以我們不能在小小人穿戴什麼衣帽服飾的相上生起依戀，同樣的，原本窮凶極惡不作的人，只要放下屠刀發願向善，小小人的形態也會發生改變。

所以，一切小小人皆是緣起緣滅、不斷生滅的假象，只有形像而無實體，所以是空性，既是空性，便不要執著。六祖說得很好，「本來無一物，何處惹塵埃」，就是無相。「無相」不是說沒有外面的現象，而是心裡不執著於執著。畢竟這一切都不是永恆存在的，都是虛幻不真實的虛體，猶如天上的雲霧，形狀變幻莫測；小小人外貌特徵隱含的身分位階，也會隨著空間通道的起端和目的端頻率的變化而有所改變，就會影響我們的意識，因而心境、看法和觀念就會改變，這就是無常的道理。正如佛家說的善惡存乎一念之間，我們內心對世間萬物的輕重取捨，同樣存乎一念之間，也會隨時因應家庭、時代、社會環境及國際時事而起變化。

就如同樂透彩券或賭博可以讓人一夜致富，或一夜貧窮。這個世界上沒有絕對的好，也沒有絕對的壞，從來沒有什麼事是絕對的，都會隨著變化而改變，這些變化也都會反過來影響個人的善惡、身分、地位等。佛法所謂的「諸行無常」，就是在說明一切有形與無形的造作，都是無常的。

雖然我們可以從空間通道中看到自己的小小人有著各式各樣、形形色色的樣貌，但其中有一相是真實體現，始終「不增不減，不垢不淨，不生不滅」。

我的這個靈感訊息是從何而來的？在一天的睡夢中，我的腦子裡又冒出一個烏黑小小人，它的手上拿著一塊不規則形狀的暗物質，並告訴我，那是「從無始以來記憶的載體」。我不知道這小小人的身分是什麼，但可以肯定它是那個「不增不滅，不垢不淨，不生不滅」，是廣大宇宙中，唯一最赤裸、純淨者；未經基因組合排列和物質、能量、信息之污染，從無始以來最原始、真實的狀態。我也由此認知到佛和眾生並沒有什麼差別。所謂覺悟，就是要覺悟到我們跟佛陀沒有分別，然後就能回歸到最原始、真實的狀態。這個啟悟使我時刻保持警惕，不為眼前短暫的小小人幻景，而忘記自己本來的面目，我才逐漸走向讓心與靈魂融合的修練。

第十一章

心與靈魂融合的修練

修練的終極目的，是做回自己，讓顯意識與潛意識達到和諧一致，也就是所謂的覺醒。這樣的覺醒之心，人人皆有，只是在約束、收攝、凝聚自己的能量時，如果沒有空間通道的概念，我們往往會忽略內心種種細微的活動，錯失心與靈魂融合的修練。因此，各宗教門派無論任何時期和不同的修練階段，都強調修心的工夫，這也就是心與靈魂的整合之後，你才能體驗到空間通道。

因此，我們最好一開始就先把空間通道建構好，就像我之前先看到沒有文字圖像的無字天書，然後它顯化、轉成有形可見的、豐富多變的圖像，之後又恢復到純粹白紙的無字天書，到此時就是萬念融合的至高境界。空間通道讓我能領悟到內心種種細微的變化，為我的修練之途迎來重大突破。因此，我把三十年來親修實證心與靈魂在空間通道融合的感悟，提供給修練愛好者共同精進。

眾多微型黑洞小小人相互行揖禮

首先，最關鍵的一次，是出現微型黑洞小小人對我行揖禮的畫面。

這個畫面說明了自我意識與深層意識共存於覺醒之心。

我會有這樣的體驗，起因於幫同道做能量調理時，觀看到對方身體裡的內在小孩，它們在我的意識能量關注下，靈性會隨著能量狀態而變化，從原本的失衡變成和諧的互相行揖禮。

於是我聯想到，時時內觀腹部，在覺察中反思自己的身心狀態，是保持身心和諧的修練方法。

這個練習方法奠定了心與靈魂融合的基石，可以讓內在小孩能量充足，而從能量醫學角度來看，醫道就等同於心和靈魂的融合。

緊接在內在小孩對我行揖禮的幻景之後的，是我的眾多內在小小人相行揖禮的幻景。從生理學角度而言，這象徵著各大生理系統功能已經整合成一個整體的結果。眾多小小人相行揖禮，表示正在同步進行著心與靈魂信息的整合。不過，所謂一山不容二虎，發號司令者只有一位，其餘的必須臣服於它。要如何分辨司令官與臣服者呢？這要從小小人的衣冠和站的位置來分辨。

這是一個不斷悟的過程，而我透過實證經驗後，編排出一套心與萬靈融合的四個次第：

1. 一人在上，萬人在下叩拜作揖

信息整合後，自然能觀看到眾多小小人中，唯獨一個人頭戴官冠，呈現君臨天下的模樣，一人高高在上，萬人在下叩拜作揖。從生理功能而言，這個頭戴官冠者，象徵著「心神」，會影響心主血的功能，如緊張、憤怒、焦慮等情緒變化。當它能維持權威與發號司令的地位，心氣運行流暢，更能發揮其統攝血液循環的功能，使機體放鬆，臟腑之間發揮平常的功能，從而取得相對的平衡。

因為這司令官不僅統領臟腑功能的和諧共振，還會影響大腦對自主神經系統、認知功能和情緒的控制，幫助其他器官組織恢復常態，回復身心平衡和整合狀態，維持生理系統功能不至於亂了套，所以心臟對生理功能有如此大的影響力。唯有生理系統功能臣服聽命於心神的指揮，執行各項任務，才能保證各生理功能的協調，而這也是奠定心與靈魂完全融合為一體的基本之一。

倘若出現一人在上，萬人在下不叩拜，也不願作揖，代表心臟功能使不上勁，指揮不了各生理功能的協調工作。這可能是因為各大生理系統功能尚未整合成一個整體。

此時，應該多多站樁鍛鍊身體，增強機體活動力，打開身體氣脈流動的通道，提升內在空間能量，使氣脈通暢。

再造乾坤的站樁法（參見第二章），目的是要打通內在空間通道。而在使陽氣歸天和引陽入陰健身的同時，還包括了兩件很重要的事情：一方面覺察心念變化，一方面收攝這些心念與氣脈，形成一股心力，做為自束身心的一股重要力量，進而統攝身心於一處而不亂，如此就能達到身心並練，繼而修持心與靈魂融合的修鍊。

如果認識不到一人高高在上，萬人在下叩拜作揖幻景背後隱藏的真相與玄機，就會墮入迷信，以致「一盲引眾盲，相將入火坑」，導致身體的各種不適。

我也曾經因為無明而出現錯誤的觀念，當觀修到「一人在上，萬人在下叩拜作揖」景況時，就每每額首稱慶，心裡恨不得指導靈高靈出現，和我對話，幫我實現夢想，我就可以借助高靈的能量來開創未來。這樣的觀念在無形中造成我的內心常常處於慌亂忙碌之中，思緒多而複雜，並因此充滿矛盾、衝突、痛苦、不平衡的情緒。

不可諱言的，指導靈高靈意識的潛能被開發，的確能提取更高意識的信息，為自己創造更多幸福、靈感與自在。但值得深思的，我們總想掌握自己生命的力量，為什麼又要把自主的權柄交給不確定性的一方？所以，心要能作主，方可得自在，若不能作主，就容易為外境所轉，始終不得自在，心就無法與靈魂完全融合為一體，完成意識、潛意識萬念歸一心。

我們不能把修練的門檻只設限於獲得指導靈的高靈意識的加持，應該要把自己的能量振動頻率對準高靈，想辦法提升頻率，意識維度自然就能獲得提升，完成意識、潛意識萬念歸一心，與高靈融合。絕大多數的人在提升振動頻率時，會著重於清理一些阻礙頻率提升的習性，像是負面思考、常常否定自己或否定別人等等。假若你只透過意志力去清理不良意識和負面信息，就不會重視自己內在的信息問題，認為把不良意識和負面信息清理掉就沒事了，反而沒有深入探索內在出了什麼問題，甚而你習以為常的養生醫療方法，也是不斷重蹈覆轍的錯誤而不自知。

例如，習慣排水祛濕、祛火者，在想法上或許不認同切除手術的方法，但無形中卻走上現代醫學的意識形態。雖然一味祛火、排水祛濕，不會對身體造成立即性的傷害，但在意識上卻會留下許多察覺不到的後遺症，因為「絕對二分法」

的慣性思維和行為，傾向於絕對的黑白、善惡。這會使你的意識受制於神仙佛道、妖魔鬼怪善惡不兩立的想法，導致靈性的低落，內心充滿害怕和恐懼，會對自身解脫及返回歸真之路設下種種障礙。這些都不利於心與靈魂的融合，也會影響你和周圍人的和睦相處。

一旦你養成二分法的習性，把所有心力專注於防止不良信息意識的侵襲，例如清除業障、驅除背後靈，你就無法勘破生老病死苦的困局，也難以追求自身的境界更上一層。

2. 底層潛意識浮出水面

提升能量的振動頻率，也是在清理雜訊，但是這與清除業障、驅除背後靈的心態卻是不同，感受會因此截然不同，最終結果就會天差地遠。一個人的內心之所以充滿矛盾、衝突、痛苦，是因為經常處於「低頻率」的情緒狀態，才會導致心理、生理活動的不平衡狀態。提升能量的振動頻率，或將意識帶入一個更協調一致的新心智，能讓混亂失序的低頻率回復到井然有序的諧振狀態。在生理、心理和精神上，都統攝在這個基調之中，然後經過長時間的專注，才會把靈魂（自我意識和經驗記憶的合體）凝聚、彰顯出來。

當這種從潛意識中召喚出來的靈魂從底層潛意識浮出水面時，我彷佛穿越了時間的洪流，來到億萬年前的上古時期，看到成千上萬虛如實、實如虛，虛實幻滅、似真似幻遠古時期的萬千個靈魂，這些萬靈的相貌各異，在恍惚剎那間，時而融合、時而層層重疊。由「點」各自分「散」開來，再全部「統」一起來，這就是一場內在心與靈魂融合的過程，也正是修練的終極目的。

3. 節奏頻率共鳴，達到同步化

隨著融合時景象的不斷轉變，我發現小小人存在於心所創造出來的三界六道及九地通（佛教的宇宙論中對世界的劃分），甚至有來自不同歷史時期，不同領域、不同文化、不同層次、不同時空背景的小小人，在同一時刻整齊劃一地打躬作揖，它們節奏相同的頻率產生共鳴，最後達到同步化，這是否就是「萬佛朝宗」的譬喻？無論萬靈的意念為何，都使其遵循一個「道」，簡單說就是「殊途同歸」的意思。

雖然這個境界不容易達到，但事實上我也不知道下一個修行階段會發生什麼，於是在這個境界停留了很久很久，對於小小人在同一時刻整齊劃一地打躬作揖是怎樣運轉的，仍然無法有所領悟。在這個階段，顯性思維與潛意識裡的「我」仍有隔閡，稍不注意，潛藏在行為下的情感、思想、本能和記憶就會主宰我的人生，控制我的命運，也會讓我有追求物質的欲望。

4. 萬靈手牽手連成一個大圓圈

在我持續修行了很長一段時間後，有一天，我的悟性大發，心想既然萬靈向我行揖禮了，必然能聽令於我的指揮。當此意念一出，那些萬靈影像突然迅速變化著，並經過各種不同幾何圖形的旋轉變化，每一種幾何形狀都有不同的意義，從圓形到方形到三角形，即所謂的業力（或者叫果報）所區分的三界六道及九地。每一個圖都是由幾何圖形一層層疊起，也是一個內省的過程，引導我去思考該寬恕的對象是自己、他人還是情境。

萬靈隊形一舉手、一投足的轉換，似乎是我的思緒的動態化，一次次細膩地把我的思緒表達出來了。當我一打開心結，一瞬間，萬靈彼此手牽著手連成一個大圓圈，緊密地排在一起轉圈。這圓圈轉著轉著，突然縮成如煙霧的圓圈，然後轉化成光波、熱能、動能，往中焦、上焦，直直地朝向頭部。

心與靈魂融合的過程就是覺醒

心與靈魂完全融合為一體的過程，也是完成意識與潛意識整合的前奏曲。將自我意識與潛意識提升到一個共同存在且覺醒的層面，是自覺能力的修練，為虛空中另一個自己（潛意識）尋找未來出路與救贖的修練大法。將由低層潛意識操縱的喜怒哀樂行為模式，自動轉化為光波、動能、熱能的圓圈變化的能量形態，慢慢的，潛意識將融入意識中，結合成為一個連結互助的強大意識，那麼你就有更多指揮意識和潛意識的能力及動力，並擁有了對生命和未來的掌控力，你能從原本的慣性中跳脫出來，不再被歷劫累世積累的習氣所限制，不再只能循著既定的軌跡向左或向右走，而能夠破解潛意識的思維設定，尋出一條「中道」之路。這麼一來，積存於潛意識深層的業障就可以逐漸消除，使心靈得到淨化。

我並非一步到位，抵達證悟的那一刻之前，是經過很長一段時間的學習、進步和領悟的。在還沒有證悟之前，需要經過不同階段的參究過程而悟入，循序漸進地日積月累，依方法及步驟來管理內在動力的修持，才能夠約束、收攝、凝聚自己的能量，這也就是所謂的覺醒。以下介紹我的修練方法。

心與靈魂融合的修練方法：摘人參果（智慧果）

冥想：自己的腹腔是廣闊的大地，上面有一棵高大明亮的樹，樹的底部有無數條明亮的、長長的根在自己的腹腔之中。樹的根部和幹部都很明亮，照亮了自己的全身。

微風在吹動、大樹在搖擺，無數條根通往腳底的湧泉穴，通向地心深處，無數枝條通向全身的經絡，大樹在擺動，照亮全身。樹上有無數的人參果似群星閃爍，明亮的樹葉和人參果照亮了自己的全身，照亮了腰部、脊椎、胸椎、腹腔、五臟六腑，照亮了大腦和腦內的各個細胞。

心法：藉由「摘人參果」的思維意念，連結身與心。樹梢和樹葉代表細胞，當你把樹葉都看清楚了，細胞就會相應發生變化。因此，往上看樹葉和人參果，是開智功；看樹根是築基功。築基功的穩健踏實，將是影響樹葉榮枯與人參果果實的飽滿度。

由樹根從下往上看樹葉，以及將人參果看清楚，以達到身心靈的暢通、和諧，心念合一的至高境界。

第十二章

對內在動力進行精細化管理的修持

遇到任何事都需要正面思考，才能累積正面能量，讓人一天比一天更好。雖然人人都懂得這個道理，但知道是一回事，表現出來又是另一回事。因為我們不知道在密室那裡流動的信息有什麼意義，更不知道它輸出什麼信息到心（膻中區）和腦部，所以我們才要建構空間通道，對內在動力進行精細化管理。

自小我就被許多怪異、離奇的夢給束縛，並因為個人的無明，而將這些夢解讀為夢魘，直到密室的萬靈信息向腦中的松果體移動，與松果體相合的一瞬間，我才明白腦中的這些夢與幻景能夠影響我們的心念，的確是讓我們獲得成就與幸福的關鍵。

我繼續追查源頭，經過抽絲剝繭後，發現是密室的靈性活動每時每刻都在影響著我們的身口意，但在它造成影響之前，我們可以透過心（膻中區）和腦部覺察密室內在的信息活動。我結合自己的實踐經驗，整理出關鍵環節是「對內在動力進行精細化管理」。這一套完整、完善的自我內在管理能力，值得有志者學習和借鑑。

對於夢、幻覺或幻景的意義與解密，其意義之重大，遠遠超出吉凶、禍福所代表的意義。畢竟吉凶、禍福永遠存在著矛盾與辯證的關係，福禍是內心實相的本質，都可以從正反兩面進行不同角度的多層次思考。所以，處境的吉凶與禍福往往取決於你怎麼解讀，以及能否隨心念轉變，其所帶來的結果就會截然不同。處境會往向好或壞的方向轉變，存乎一心。不管環境如何轉變，當「心」能不受環境的誘惑或威脅而改變，就是佛學上所稱的「心不隨境轉」。但是，我們不知道在（膻中區）和腦部、密室那裡流動的信息有什麼意義，所以有必要進一步修練，才能使得心不隨境轉，關鍵在於以下五個步驟。

對內在動力進行精細化管理的五步驟

為什麼我們要對內在動力進行精細化管理？我們的顯意識未必自知「內在信息」在心（膻中區）和腦部、密室之間流動的循環運作關係，因此有必要開發覺知力的練習方法，才具有辨識不良信息的能力。

佛洛伊德認為，人的有意識的層面只是整體意識冰山露出來的尖角，心理的絕大部分相當於冰山在海平面之下的巨大底部，那是看不見的，但正是這看不見的部分決定著人類的行為，例如有些戰爭、人與人之間的惡劣爭鬥。因此，我們有必要加強管理內在信息的能力，例如學會及時打住一句不該說的話，才不致招惹麻煩，或是受到潛意識的驅動，做出傷害自己或是他人的行為。因此，需要顯意識扮演監督的角色，將需求、欲望、貪婪等人性醜陋的陰暗面加以制約。為了讓自己的內在維持穩定的狀態，我們必須做好內心世界的自我管理。

1. 從內心世界徹底扭轉

與其勇於面對困難並戰勝困境，何不打從心底扭轉根深蒂固的思維。此話怎說？在修練、冥想乃至於日常生活中，我們常常會透過語言、肢體動作、文字或手勢的引導等不斷重複修行的過程與方法，在內心培養正念，並且不斷鞏固，這將會在神經系統留下印記，從顯意識逐步深入潛意識、深層意識，使自己一步一步走向更幸福、更快樂、更健康的人生。

值得深思的是，一般人一手不斷補充正能量，另一手又不斷地幫潛意識灌輸不良信息。日常中有這麼多洗腦的訊息和套路，不知不覺中就有許多不良信息滲透到生活中。例如，遊戲中激戰打鬥的畫面，會對潛意識帶來嚴重的負面影響；或是綜藝遊戲節目進行帶有危險性的對抗挑戰遊戲，給人一不小心就會跌落懸崖的恐懼感；以及一些人倫悲劇、情殺、悽慘的車禍等事件，在詳盡報導後又多次重播，這些不良信息將會向潛意識灌輸錯誤的假設和觀念等。

長期接收不良信息的人，由此產生的想法和行為，往往也會根深蒂固而難以打破，以致深陷不幸、失敗和貧窮之中。

無怪乎，每個幸福、成功又富裕的人，不管他本人是否有感覺，全都是自我內在的最佳管理者。

不過，要打破如此根深蒂固的思維框架是很困難的，關鍵的一步是意識到框架的存在。

所以，若要加強對自我內在信息的管理能力，應該從日常生活中經常自我控制，例如閱讀及觀看到不利於身心靈的字句或劇情時，可以選擇不看、不接受，並養成及時糾正、制止的習慣。

做好內心世界自我管理第一步，是提高顯意識對不良信息的辨別能力，從源頭上阻絕不良信息入侵，就能做到從內心世界徹底扭轉信息。

2. 大腦要升級

臺灣有句俗諺說：「囝仔人，有耳無嘴。」大人們在一起聊天時，小孩總喜歡過來湊熱鬧，偶而還會插上一、兩句，小孩常說話不經大腦，總是說了以後，才意會到自己說了什麼，卻又很靈驗，因為這是靠直覺說話，不受顯意識的控制，因而能說出許多即將發生的事。所以，大人深怕小孩嘴巴亂說話，印象中記憶最深刻的，是農曆年前蒸年糕時，會禁止小孩進入廚房，就怕小孩胡亂說出年糕蒸不發等不吉祥的話，來年一整年的運勢就會不順。

並非只有小孩會直覺式的說話，有時大人在精神專一時，也會直覺地說出超越顯意識的話。然而，有時不經意脫口、借嘴不借腦的說話，這種直接反應且不經過思索而說出的話，卻能殺人於無形，甚或在對方內心留下深深的刻痕而不自知。或許說者無心，卻是潛意識有意的信息，也是顯意識無法覺察的，因此在這樣的情形下對自身和他人造成的傷害，是不自知的。所以，我們要避免不經意脫口而出的無心言語，話說出口就不能挽回了，還可能會傷害了他人和自己。

這一種憑直覺借嘴不借腦的說話，也會出現在睡夢中，這種在無我意識狀態下說的話，連當事人難以控制。例如，在睡夢中時，沒頭沒腦的突然從心底冒出一句話：「要罹患肺癌了。」當顯意識意識到的時刻，就應該語氣堅定地回應說不可以，但是大部分人大腦的第一個反應往往是：「糟糕，癌症找上門了。」

所以不僅是修行者，所有人都應該改造意識。與其事後忐忑不安地煩惱，不如趕快做事後補救，雖然顯意識在第一時間反應不及，但是我們可以：一、以正面的思維意識做自我暗示、冥想；二、經常練「再造乾坤」的站樁法（見三十頁）；三、為大腦升級。

世人經常想要求救於潛意識來幫忙，但同時也應該瞭解，潛意識不只會給人世間帶來光明與希望，也會釋放所有的邪惡與黑暗。因此，潛意識需要受到顯意識的監督，而加強自我內在信息管理能力，是約束潛意識的最好機制。

如果希望大腦升級，可以誦念 01-777-908-01-777-92244 數字訣（以上的1念「腰」的音），這是動意功的功法，算是念咒語的一種，因為口頭發音會產生振動音波，等於是在對左右腦進行調頻，除了能提升大腦的可塑性，也可以避免栓塞性腦中風，而且頭腦的靈活度會提高，話到嘴邊時內心也會有所警惕，因為靠直覺借嘴不借腦地說話，是跟頭腦的靈活度有關。

附帶一提，誦念3396815是對五臟六腑細胞的調頻。

3.切換思維，心能任運

在不小心說出不利於自身、他人或社會的話之後，還是可以切換思維，用好的思維意念或圖像來覆蓋不良的意識信息。做好內心世界自我管理第三步，使心能任運，也是大腦升級二・〇。

以前共事的一位男同事，只要右眼皮跳個不停，就有不好的事要發生了。我也曾有過多次在右眼皮跳個不停後，發生不愉快的事。但眼皮跳的位置說法不一，有人說男左女右，有人說左眼皮跳福、右眼皮跳災，有人說兩隻眼皮上下各代表喜怒哀樂，不知道哪個才是正確的。後來，我乾脆認定左上眼皮跳福、右上眼皮跳吉、左下眼皮跳喜、右下眼皮跳樂，竟然心中的感覺和想法都獲得了實現，我也利用這個方法幫那位男同事解除了眼皮跳個不停就會有壞事發生的魔咒。我領悟到，只要轉換大腦的慣性思維，就能創造不同的機遇，命運會轉到你要的結局，於是對「境隨心轉」有了初步的認識。

首先，要理解到身體和大腦之間是相互關聯的，就是基於這個原理，坊間才會盛行大笑功，因為就算是假笑，也能引發正面情緒，改變大腦。同時，我們常聽到「入戲太深」與「弄假成真」，這都是因為大腦的機制使然。所以，加強自我內在管理能力的第三步驟，就是學會如何找到並打開這個切換思維的開關，那麼你就能改變自己的思維，進而影響大腦和身體。

我比誰都清楚「切換思維，心能任運」的真正含義，這是我經歷過切身之痛後的領悟。某天深夜就寢後，我在睡夢中觀看到一個影子循著階梯逐步往上爬，越爬越高，突然絆到踉蹌一下，當時我並未及時用意念將這個不良圖像予以更正。接下來的日子裡，我總是覺得有股力量不斷在拉扯我，無論做什麼事都不順利，事事皆與願違。後來，我乾脆維持現狀，什麼都不做地在家閒居，竟然也遭受流言蜚蜚，儘管我的心念不斷力挽狂瀾，但我的心似乎在那長滿青苔的幽殿邊緣不斷往下滑落、滑落，像自由落體那樣攀不到半點東西。

後來我是怎麼解決的？怎麼下來就怎麼上去。在之前的幻景中，我絆倒踉蹌一下，於是我將另一個幻景主動召喚出來，在幻景中開啟一扇門，讓自己開始止跌並出現大幅回升。雖然在發生絆到的幻景時，我意識到即將面臨的困境，但心和腦並未有察覺的力量，我的意識因而從即將面臨困境的「明明知道」，變成「不知不覺」的走上惡運之路。心和腦尚未覺醒之前，由於沒有發現，也就不會正視並解決自身的問題，所以惡運相繼接踵而來。所有修練書籍沒有教的秘訣是：能否躲過一劫，就看意識在恍惚間及時糾正的能力。為了做到這一點，我們必須精細化管理內在動力。

如果你在內觀時，突然接收到不良信息，若意識在當下即時運轉並更正過來，好的信息會直接進入內在的心靈狀態。只要能意識到並進行事後的信息修正，在你的大腦內就會引發一系列真實存在、錯綜複雜的腦神經網絡結構重組、電磁場波動、量子效應、化學反應，接著大腦會把神經信號傳達至整個身體，來回應你的思想變化。這意味著，你的思想和情緒會引起生理及精神狀態的變化，而你對生理變化的體驗，繼而又轉化為心理及情緒狀態，這就形成了一個不斷相互影響的回饋迴路，也是精細化管理內在動力的身心能量運動。

因此，即便我們不是大師，也能對自己的身體產生積極或消極的影響，而不是讓自己像個旁觀者，只能觀察自己受到外來不良信息的影響，且只能專注於事後的翻譯、解悟，而得要耗費更多精力在自我的療癒上。

當你的思維力量越強大，就越能改變自己的命運，你越是堅信不移，你的思維力量會越大。當你接收到不良信息時，千萬不要沉溺於消極思想之中。當夢見不吉祥的夢或者白天恍惚間出現不良的幻景時，以自己的最大能量來更新不良意識，將自己的思維想法改變過來。只要能切換你的思維，就能改變你的人生，使你更快樂、更健康。

譬如，你看見一座橋，就要立即解讀出潛意識的信息為何，並且當下做出因應。如果你看見的是一座斷橋，就即時用意念想像出一座堅固無損的橋，來取代斷橋的畫面。如果出現一座橋上有許多石頭的畫面，你就要用當下的意念把石頭搬開。右腦最重要的貢獻是創造性思維，提供以圖像取代圖像的方法，這會比正面積極思維的效果更好，當你使用新的圖像來微調頻率後，我們從內而外所有的信息能量都會更新，比在事後對圖像的翻譯和解悟，來得積極、正面且有意義。

這與進行能量思維調理的道理相同，調理者發出第一個好的思維圖像之後，一定要堅持第一個圖像，不要在最後結束時又發出另一個不同的思維圖像，因為它會把第一個圖像覆蓋住；因此，調理者在看診時，通常希望患者看完病後即刻離開門診，不要多說話，就怕患者胡亂想的意識會覆蓋了那個好的思維圖像，或一句不吉祥的話破壞了好的思維圖像。所以當你做了一些凶兆之夢，醒來後，你可以應用好的思維意念將不吉祥的夢覆蓋。想的時候要想出具體的圖像畫面，速度越快越好，想完後就不要再掛念了，以免又出現不好的思維意念覆蓋了原先好的思維意念。

這就是我們善加應用「切換思維，心能任運」的方法，將夢境、幻景轉往好的方向發展，若能運用得當，倒是不失為趨吉避凶的有效正法。

4. 開發右腦能轉換大腦慣性思維

鍛鍊右腦的目的，是開發出松果體的巨大潛能。科學家已經充分認識到腦科學研究的重要性，近來也有許多研究證明了右腦的運作是圖像腦，側重於處理隨意的、想像的、直覺的，以及多感官的影像。右腦是透過圖像進行思考的半球，所以能夠將語言變成圖像，不僅如此，右腦還能把數字、氣味變成圖像。右腦會將看到、聽到和想到的事物，自動在其影像庫中搜尋形象性思維，並全部轉化為圖像進行思考和記憶。

快速翻書法（詳見後文介紹）利用的正是右腦的圖像處理能力，無論是大段的文字，還是一幅幅的圖片，當右腦想記住什麼內容時，都會先把它們轉化成圖像後再攝入腦海，就像照相機一樣，在大腦中把內容定格成一幅圖。等到要用的時候，腦海中的圖像便浮現在眼前。右腦照相記憶的速度遠遠比左腦更快，這是由於左腦在處理信息時，會將信息進行詞彙化處理，從五感（視覺、聽覺、嗅覺、味覺和觸壓覺）傳達到語言，比較花時間。而右腦將信息以圖像化處理，所以非常迅速，只要花幾秒就可以。

練習方法：快速翻書法

把我們的大腦當作一臺照相機，翻一頁，卡嚓；翻下一頁，再卡嚓，兩、三分鐘就能看完很厚的一本書，這是「只求大腦有印記，不要求大腦認真讀」的潛意識看書法，目的是向深層意識輸送信息，開發右腦的潛能。古人所說的「一目十行」，正是開發了大腦的圖像閱讀功能，由於右腦具有超高速信息輸入的喜好，因此三分鐘閱讀完一本書（即所謂的「波動速讀」影像閱讀），更是把右腦的影像記憶功能發揮到極致。與快速翻書法有異曲同工之妙。

5. 為能量騰出空間

很多修行人都有這樣的困擾，因為自身太敏感的緣故，一接觸到病人就感覺難受；遇見情緒低落或健康狀況不好的人，就會感覺到疲累、虛弱，昏昏欲睡。當別人的信息場過來之後，就同步感應到對方心臟不好，如果對方是腎臟不好，自身的腎臟也會跟著難受，甚至連續一直打哈欠。然而，只要一離開這個信息場，難受的感覺立刻就會消失。

甚至有位同道好友的師兄，每次幫人清理了業障，返回家時，他的家人也會受影響而總是夜不安眠。

這位師兄在睡夢中也常感覺有人拉他的腳，還聽見有人叫他去跳樓。還好他頭腦清醒，清楚知道跳樓是不對的。

這代表他的空間通道不暢通，自己的能量不潔淨，能量就無法約束、收攝、凝聚於空間通道中，和外界的磁場一接觸，自身的磁場就起變化，以致身體素質不佳，對自己身體的反應極為敏感。

在這種情況下，可以採用「定位訣」的方法：

方法：一手的食指和中指按壓住百會穴，另一手的食指和中指則按壓住神闕穴（肚臍）。

作用：按壓住百會穴與神闕穴，把人體場固定在百會穴與神闕穴兩個點上，將自己的能量收攝、凝聚於空間通道中，三、五分鐘後即可感覺能量在身體內部旋轉，就不會往外輻射出去了。

功效：使受影響的身體部位，適時獲得有效的緩解作用。

定位訣方法對於敏感體質只能治標，至於解除敏感體質的根本方法，必須靠長期站樁健身，以確保自身能量、空間通道中生機與活力的純正程度。人體就像巨大的電腦，不僅儲存自己的各種想法，還詳細儲存了自己接收和感受到的一切，因此有必要在密室與松果體之間設定好一條空間通道，並且要勤於練習再造乾坤功法之動功（見三十頁），時時淨化、保持潔淨。

如果你不清理體內積累的那些沒用的東西，就像天空有水氣凝成濃雲，會形成巨大的能量場，當你意志薄弱、身體欠佳或生理失衡時，這些雲團就會包圍你。當你置身於烏雲中，身心被烏雲束縛，在不同階段都會遇到不少困難。

當人體內在有了廣闊且活化的空間，以及運行不息的氣血能量，即使你被這些雲團給包圍了，只要專注集中意念，那麼空間通道的螺旋鏈和垂直鏈的慣性力，就能把所累積的陳舊腐朽的能量和低頻的思想、信念，在短時間內轉化為內在進化的動力與力量，你就能更進一步了解密室與松果體能量之間的關係，獲得超凡的想像力與預知能力。

第十三章

密室與松果體能量之間的關係

第十三章／密室與松果體能量之間的關係

我在松果體活化之後，才知道密室中開這個門、開那個門的幻景，並非不自覺、隨機的舉動，而是潛意識在引導我開啟儲存於密室裡的門，所打開的門都有特定的儲存序列。那些承載祖先基因遺傳下來的精神和記憶，總是顯現在密室的左側（相當於輸尿管位置）；那些包含在自然宇宙中，日月星辰、大地山河等大自然磁場與能量，只顯現在密室的右側（相當於闌尾位置）。

密室會開啟哪一道門，受制於松果體的制約，並決定了密室信息的強弱程度與準確性。只有密室通道打開，使得信息強度變強，密室裡的信息就會形成一種裊繞的煙靄上升模式，這就是潛意識能量的形態，烏黑小小人就是由這些裊繞的煙靄的能量組合而成，也可能會呈現出一股螺旋上升形式的能量。不管是哪一種形態的能量，它都是潛意識，會對身心造成不同程度的影響。

密室通道裡形成一種裊繞的煙靄上升的能量情景，就像燒香拜拜時，「香」傳遞並承載了人們心中那份敬意與希望的奧妙角色，有多少善男信女藉由裊繞的煙靄，向諸佛菩薩、神祇地靈、歷代祖先，傳遞心中那份敬意與追思，祈求家庭平安，求事業有成，求消災免難……縷縷清煙，乘載了多少人的希望。

那麼，密室通道裡裊繞的煙靄的能量有什麼寓意，它是如何上升的？這跟祖先的基因遺傳下來的精神與記憶，以及自然宇宙中，日月星辰、大地山河等大自然磁場的能量有關。

密室是一個橫向太極S軸，基因遺傳更具體的位置在密室左側，相當於白魚中的黑點（輸尿管），宇宙大自然磁場的能量的位置在密室右側，相當於黑魚中的白點（闌尾）。當密室橫向太極S軸陰陽魚轉動時，就能轉動密室左右兩側的信息能量往上升，所以密室通道必須全面開通，能量充足了，才能把基因遺傳下來的精神與記憶傳遞到松果體。但是，如果只有開發出密室右側黑魚中的白點，就只能增強身體免疫力，丹田氣感很足，卻無法理解其精神傳承。

密室裡的信息能量可以透過修練的方式，讓人內觀到潛意識對人體身心的影響，例如靜坐時，你可以在松果體和密室之間的空間通道中，觀修到一縷輕煙以螺旋或煙靄方式緩緩上升，那縷輕煙看似煙霧隨意變化，實則有其寓意，是密室傳遞來的訊息。以螺旋上升的能量會飄往膻中方向，最後化成熱能、動能、光，轉換成電流訊息傳達到腦中。但煙靄形式的能量可能消逝在脾胃之中，以透過水谷精微轉輸到全身的方式影響身心。我從空間通道中內觀到潛意識對人體身心的影響有以下四種情況。

一、潛意識跟隨水谷精微轉輸到全身

我個人對密室的一些研究，揭露了潛意識思維如何深刻影響人們的日常生活。密室、小腸、雪山部位（昆達里尼）都在腹部，人體先天和後天的能量源頭都在腹部。食物是人體最主要的能量來源，消化後的絕大部分營養物質，主要是由小腸吸收，小腸是消化食物、吸收營養物質的主要場所，而潛意識信息是跟隨著小腸消化食物並吸收、肝的散精、肺的輸布而到達全身各處，所以潛意識信息對人體具有無所不在的影響，身口意、甚至每一個細胞都受到潛意識信息的影響與指揮，無論我們是完全清醒或在深沉的夢鄉中。一般來說，我們的心身都是如前面所述運作的。

相信很多人都有過這樣的經驗，當心情鬱悶或壓力大時，容易傾向吃甜的或高脂、高卡路里的食物，對新鮮蔬果攝取的意願就會降低，進而造成肥胖、免疫系統失調或心血管疾病等健康問題。所以，心身兩者之間的聯繫關係，會影響我們對食物的選擇，彼此環環相扣，互有影響。

如果你持續處在難以負荷的高壓力狀態時，情緒有可能是緊繃、緊張、退縮、憂鬱，這時聚集在丘腦下部的神經肽，會將沮喪的情緒轉化為生理反應的神經訊號，跑去「攻擊」消化系統，而造成胃脹氣、胃痛或沒有食欲等不同的生理反應。

又比如說，很多人忙完一個大案子後，明明應該鬆一口氣，反而開始生病。因為當他忙於大案子時，在神經肽的作用下，腎上腺素大量分泌，身體處於作戰狀態，忙完後，神經肽傳遞「休息」訊號，這時勞損過度的身體部位，可能就以生病為反應，而爭取好好休息了！

現代科學所發現的「神經肽」，再次提供了心身相繫且相互影響的證明，所以當你長期處於負面情緒的糾葛時，就會累積心靈的毒素與負能量，若不適時紓解，心靈的毒素與負能量可能造成更嚴重的心理疾病，讓人為身體健康付出代價。唯一的解方是你要覺察到身心能量變化的警訊，自覺到甜食和油炸、油膩食物不易消化，大大增加了脾胃的負擔，會讓我們的抗壓力提早衰退。

有無領悟力和自制力，也跟身心能量攸關。如何知道自己的能量是強是弱？當你的能量越強大，內在力量就越穩定，進而成為平和、自信、快樂的人，抗壓性和情緒管理能力較強，不會被內分泌干擾而出現情緒不穩定，影響到身體健康的情況。反之，如果你越容易被自己的負面情緒困住，並陷入憂鬱的惡性循環中，難以自拔，代表你的能量越弱。空間通道的功法練習，再造乾坤功法之動功（三十頁）與靜功冥想法（三十六頁），就是鍛鍊能量而使其變強。

二、潛意識能量穿越中焦，直達膻中

我在靜心時，察覺到自己心境上的變化，發現有一股極為細膩的生命能量，有如裊繞的煙靄從中脈緩緩上升，並消逝在脾胃之中。但是，我很好奇那股能量真的消失了嗎？後來，我才領悟到，那股能量是深入到我們的思想、感覺和意識之精神層面裡。就如同我們看不見神仙，卻看得到的花草樹木、人體等的原理，是因為那股能量的振動頻率發生變化，才會導致它好像消失了的錯覺。振動頻率高的，會成為無形的存在，振動頻率低的，則成為有形的物質。所以那股能量不是消逝在脾胃之中，而是化為無形的存在。

那股能量可能直達膻中區，逐漸影響改變物質身體，例如心跳、呼吸、氣血循環頻率，人的意識可以間接被那股能量導向某種情緒，或是思想、信念的改變。所以，我們只有從空間通道的起端——密室做出調整，才能讓生命獲得正向關注的力量。

三、潛意識能量連結到松果體

如果螺旋的能量波頻從密室上升，沿著中脈緩緩上升直達大腦，大腦又把能量波頻的信息傳遞給松果體時，就能夠影響和干預人類的許多神經活動，如睡眠與覺醒、情緒、智力等。能量波頻也可以透過松果體來與非物質的心靈（諸如感覺、思想、意識、欲望、信念、情感）互動交流。

曾經有一個畫面在我心中留下極為深刻的印象。當時的我尚未接觸動意功，有一天搭車時，我閉目養神，卻在恍惚中，一尊釋迦牟尼佛圖像顯現在我的腦中。當時的我對佛法不太懂，卻從這一刻起，突然喜歡聽經聞法、誦經，漸漸喜歡上寺廟禮佛，萌生出家的想法。

經過很長一段時間後，某天午休時，有個被燻黑了的剛毅男性臉孔的影像突然浮現在眼前，由於這個影像是如此清晰，讓我嚇了一大跳！接連好幾天，我只要一閉上雙眼，這個影像就浮現出來，但我不知道對方的身分。當時，我為此放棄了正在學習的氣功，深怕自己走火入魔。經過了半年後，也許是因緣聚足，我終於得以與浮現於眼前的人相遇，沒想到他就是動意功創始人郭志辰老師。

一遇到老師，他居然對我說：「妳準備出家？」當時我聽了心裡一震，心想，老師怎會知道？這讓我起了更大的好奇心想要一探究竟。後來，經過許多年的修練，我才慢慢地清楚潛意識如何影響著心和腦的脈絡。所以，我們必須鍛鍊培養好洞察與觀修的能力。一旦某一個潛意識信息輸入意識，或潛意識釋放出負面不良的信息到意識，如果我們觀細微的能力不足，它就會直接地影響我們的思想、記憶和命運，而且我們會深受其影響而不自覺。除非我們具備了敏銳的警覺性和洞察力，以及內在能量越強大，才能避免這種情況。

當我們覺察到內在的潛意識，或者外界對自己的潛意識植入不利於自身的信息，或者出現讓你感覺不舒服的印記時，一定要在第一時間將之轉移出體外。這個功力建立在各生理系統功能的穩定性，以及空間通道的暢通潔淨，而透過空間通道功法的練習（詳見第二章）可以做到這兩點，自然就有能力和力量把輸入到大腦的信號改為輸出。

四、心和腦、腹諧振同步

密室與松果體能量之間的關係，是跟隨水谷精微轉輸到全身，或穿越中焦，直達膻中，甚至連結一步到松果體，這其實就是潛意識能量對人體各生理系統功能的影響，進而引動心靈能量大躍升，達到心和腦、腹部同步諧振。看似很複雜，其實原理很簡單，就像民俗元宵節放天燈的原理一樣。

中國的傳統文化源遠流長，有很多傳統習俗一直沿用到今天，它們都承載了古人的智慧，天燈便是一例。天燈亦稱孔明燈，相傳為三國時期諸葛亮的發明，也被公認為熱氣球的始祖。起初天燈是做為傳遞訊息之用，但目前通常被當成節慶祈福許願的工具。過去，人們為了躲避土匪而四散後，留守的居民以燃放天燈報平安並通知土匪已離開的信號。由於人們避難後回家的日子正是元宵節，從此以後，每年到了這一天，人們便以放天燈的儀式來慶祝，所以又稱天燈為「祈福燈」或「平安燈」。其後逐漸演變為向上天祈福許願的民俗活動。人們在天燈上寫滿了各種祈願，希望天燈能上達天庭，帶給人無限的希望和光明。燃放天燈的民間信仰，可以讓人對於密室和松果體能量之間的空間通道的運作原理，有相當的認識和瞭解。

天燈是由鐵絲或竹子製作框架，再用紙糊上，封成一個下方通透的燈罩，頂寬底小的形狀可以避免熱空氣流失。底架中間放置簡單的油紙，點燃之後，產生的熱空氣會使燈罩膨脹，同時由於裡面的熱空氣比外面的冷空氣輕，天燈就能慢慢地飄起來，冉冉上昇。後來西方人發明的熱氣球，也是運用這個原理。但是，一旦火焰熄滅，這盞燈就沒有動力了，會掉落下來。這種燈做起來很簡單，其中卻深藏著人體動力學的基本科學原理，藉由淺顯易懂地描述它的製作過程、闡釋背後的原理後，可以帶領我們進入生命科學的奧妙世界。

人體內的腎陽之火，相當於天燈底部的火焰，它燃燒後的熱氣，就是人體的氣機，是一種能量，為五臟六腑、氣血脈絡，甚至肌肉骨骼提供活力與動力。簡單來說，就是人體的腎陽之火，是人體物質代謝和生理功能的原動力，是人體生殖、生長、發育、衰老和死亡的決定因素。人的正常生存需要陽氣支援，所謂「得陽者生，失陽者亡」。陽氣越充足，人體越強壯。如果陽氣不足，就像一盞即將燃盡的天燈，沒有動力了，人就會生病。陽氣完全耗盡後，人就會死亡。

陽氣旺盛時，不僅不會受到病邪侵害，還能使人的精神平和愉悅，它產生的能量能讓密室裡的能量如蛇般從脊柱的基礎盤繞上升，到達第三隻眼松果體，這就是從生理、心理及靈性方面達到心想事成的方法。傳統文化習俗裡向上天祈福許願的民俗活動裡，祈願會隨著冉冉上升的天燈飛向天際，天燈的飛行跟人體修練從意守下丹田開始，一路回歸上丹田眼眉間祖竅深處的這個過程，是一樣的。

密室是一座潛意識種子的大容量倉庫，果實是否成熟，要看「煤氣罐」（下丹田、元氣）裡的能量，是否可以「點燃」啟用。屆時，密室就會像天燈一樣，裡面隱藏的許多問題會顯現為許多各種形式的圖像思維、圖形符號、文字等，這也是潛意識對你的祈願所給予的指引、解答，以及重要的天賦潛能的信息，也是幻景的來源。如果你能解讀出幻景所隱藏的意圖，心和腦、腹部能自然諧振同步，就會產生超乎你的想像的最大能量，可以讓我們心想事成，甚至有超常智能，超感官知覺、念力、心電感應和預知未來的能力（詳見第十四章）！

第十四章

預知能力的超感秘修

人們總是對於無法「解」與「覺」的事情或現象，帶有敬畏之心，於是有些人會去算命，或者求助於宗教的力量，透過某種方法去預知未來。

富有探索生命科學經驗和內在世界的人，通常都會致力於神秘學、心靈動力或新思想學習修練，引導自己或他人保持健康、和諧與平靜，促進各方面有更好的發展。

在現實生活中，許多人即使沒有經過修練，偶而也會出現超感直覺的能力。最常見的是，親友或自身遭遇不測的前夕，往往會突然眼皮直跳或心神不寧，好像有什麼壞事要發生似的，讓人感到心慌意亂。這是由於當事人在瀕死或生命最危急的關頭，潛意識不由自主會以自己的最大能量來強化意識，這種「強化意識」只在一剎那，但能量很大，會讓當事人心慌意亂。

ESP是英文Extra Sensory Perception的簡稱，意指「超感官知覺」，通常用作心靈感應、透視力、觸知力、預知力等超能力的總稱。雖然超能力的表現形式五花八門，但我在盤點之後，發現超能力與密室和松果體能量有關，當松果體能掃描到密室傳遞輸出的信息時，就會具有預知力，因此空間通道的建構與功法練習，就是在修練密室與松果體，也是預知能力的超感秘修。

就曾有科學家根據松果體能對光波做出反應，推測松果體能對某些射線做出特殊反應。

古代的神職人員經常在頭冠上對應松果體的部位，鑲嵌較大顆的寶石，在進行占卜等儀式時，會讓光線射向印堂、眉心或頭頂等處，目的就是要增強松果體的功能。

經實證後，我才明白之所以要讓光線射向印堂，或是當印堂發出強光時，我的意識不僅可以滲透進入密室與兩側的通道（相當於輸尿管與闌尾的位置），進而清楚明白左側是祖先精神的凝聚、文化傳承的載體，右側則是宇宙大自然天然的修練場，傳遞著先進、先哲們修練經驗等各方面的訊息。同時，在印堂發出強光，外視頭上天門外的虛空部，重重的異次元空間裡存在眾多小小人。

現代物理學也推測說，宇宙空間存在不同形式的物質射線，都會對人類的大腦造成影響，包括自然界空氣的流動，溫度、濕度及氣候的變化，都會對人體產生直接的影響。所有的射線都是電磁波（光波），只是波長不同、粒子不同，所具有的穿透力和造成的生物影響也不同。所以，我們每時每刻都在與環境中的射線打交道，我們的想法和意識會在空氣中遊蕩，而想法和意識也是一種射線，可能被任何人捕捉。又譬如，大部分人都有過「不必轉身就能感覺到有人在背後盯著自己」的感覺，這在現代科學被稱作為「腦電波信息輻射與接收過程」。此外，神經科學專家表示，人的預知能力或許與量子行為有關，即使我們沒有獲得任何有關自身身心發生變化的信號，也有辦法感知未來將要發生的事件。

其實，超能力是人類的天賦本能，只是大家把耳熟能詳的超能力蒙上一層神秘的色彩，扭曲成詭異化和鬼神化。只要能幫助自己找回平靜的心、專注的力量，經由鍛鍊讓自己不再分心，同時專注、觀察、傾聽身心各種各樣的變化和反應，自然能確實掌握身心發生變化的信號，就可以準確預知未來。這也正是修練氣功的打坐與瑜伽的冥想、太極導引、內功的人，邁向靜心的日常鍛鍊之術，因此自然容易獲得這些特殊的超能力。在具體運用時要注意的要點有以下幾點：

1. 傾聽的過程中，還是要從身心去解悟

雖然我們並未意識到這些未來信息的存在，但是科學家已經有一個驚人發現，人的生理活動會在「未來事件」發生前十秒左右產生明顯的變化，比如心跳

加快、瞳孔縮放及腦部活動變化等。這一發現，顯示人類潛意識中能感覺到有重大事件即將發生，即使人們不知道會發生什麼大事。直到事情發生了，才恍然大悟，然後聳了聳肩說就算早知道，也沒辦法改變已經發生的事了！

由此可見，人類確實擁有預知未來的天賦，卻不是都能成為先知。重點在於你是否會傾聽並擁有解悟力，這關係到你預知未來的能力有多強。古代中國術數的其中一種，就是以人的面貌、五官、骨骼、氣色、體態、掌紋等推測吉凶禍福、貴賤夭壽的相學之術。相學根據長相、氣質、音容笑貌，來判斷和預知一個人的過去及未來。正如氣象人員憑藉一些微小的徵兆，例如雲的變化、空氣中的味道等，可以預測即將到來的暴風雨。預知能力就像聽診器一樣，也像是雷達掃描器一般，首先要學會傾聽從體內的空間通道傳遞來的訊息。

就像我們剛學會開車時，一坐在駕駛座上就會對眼前發生的一切具有高度警覺，不過，經過幾年的練習之後，我們的開車行為變成無意識的活動。類似這樣習以為常的能力，使得我們在人生各種領域裡的行為，都變成不知思索的自動反應，但這樣的慣性會影響預知能力與準確率，因為我們會忽略了空間通道傳來的種種信息。

拜神、祈求神明、算命等，也同樣會面臨到慣性問題，要是有儀式卻無心，包括做能量調理時，只要成了一套機械式的固定流程，功效就會降低。

2. 自身的磁感應

有些人身體的某個部位擁有靈敏度很高的感應器，可以預知將要發生的事情，但由於每個人的生理機能和心靈狀況不同，所出現的徵兆也有差異。而且每個人心靈狀況不同，跟靈性世界連結的能力不同，預知未來的內涵也完全不同，這與自身的磁感應有關。也就是說，心靈狀況是磁感應強度的精密儀器，會決定磁場的強度，此外，有的人會擁有多種超能力，但有其中一種特別突出。

每個人都有屬於自己的磁場且強度不同，有些人比較弱，有些人比較強，預知未來的強度也就不同。一些磁場較強的人，感應能力會特別強，也會透過一些方式預感到自己或是相關人士身上發生的一些事。在大部分人的日常生活中，或多或少都有過預知未來的經歷，一旦猜對一、兩次，人們就會對自己的預感及直覺能力感到意外，或許也會開始相信心靈感應。

那麼，我已經修練了三十年，是否擁有預測未來的能力？有許多人對此感到好奇。我確實有一些預感會實現。在沒有主動去擲筊、問事、求籤的情況下，至今我所預知到的未來，全都成真了。我還觀察到一個現象，預知未來的能力具有一個磁場能量，當磁場本身變化時，感應力會自動開啟並主動進行預知未來。

不過，磁場的強弱會因人的生理病痛，以及情緒活動，如憂鬱、痛苦、悲觀等產生變化，因而我再三強調建立空間通道與清理空間通道的重要性。我們會因為耗損過多能量，對身心健康有負面影響而導致磁場能量變化，因此，只要多練再造乾坤的兩個樁法「陽氣歸天」與「引陽入陰」，就能增強磁場能量。

同時，科學家也發現人類這種「預感能力」的現象，與潛意識有很大的關聯，它往往藏在一個人神秘的心理狀態中，是強烈而無意識的衝動，特別是這些預感大多發生在突發的死亡事件之前。我完全同意這種觀點。由於有許多變數存在，導致臨終時間很難掌握。不過，我卻約略預知了父母臨終的時間，那時，我在靜坐中出現幻聽告訴我說，母親會在睡夢中安詳離世。當時家母身體無恙，但因為她已經高壽九十歲，我早有心理準備，也做好後事相關準備。就在我出現預感的兩天後，家母突然呼吸急促，醫生為了方便抽痰，建議母親做氣切，否則馬上會死亡。我考慮到家母生平最大的願望是在平靜、安詳、沒有遺憾和痛苦的情形下離世，而只有以順其自然的方式，家母才可能平順地、安靜地死亡。

在我簽了不再進行無效的急救聲明書後，家母奇蹟地活了過來。這時候，醫生又建議母親要插鼻胃管，因為她目前的情況只適合喝流質食物。這個建議讓我陷入天人交戰，如何讓家母不承受動刀插鼻胃管下安詳離世呢？當我正在懷疑自己的預感是否正確時，又看見一個死亡的幻景，讓我覺得沒有理由不聽從自己內心的聲音。充滿勇氣的我決定不聽從醫生的建議，不想看到家母插鼻胃管後痛苦的模樣，選擇透過靜脈來補充營養。三天後，正如我所預知的，家母她在看見蝴蝶翩翩起舞幻景後的睡夢中，安詳離世。

我大略預知父母臨終的時間。在很多人看來，這種感覺很神秘，也會視為靈異事件，實際上，每個人心中都會有深藏心底的特殊信息，在意識層面和潛意識裡都具有同等的重要性，決定了傳達預知未來信號的強弱和穩定性，揭露出你特有的靈敏天賦，能預知的方向在哪一方面。因為這是有一個潛意識團隊在運作，我稱這個團隊為「貴人生態鏈」，只要和貴人生態鏈有了良善互動，潛意識就會是你生命中的貴人，也是能預知未來和趨吉避凶的關鍵要素。

所謂貴人生態鏈，是自己不知道的「累世的自己」，以及無數的歷代祖先、累世父母和兄弟姊妹。內在生態體系的貴人動能，就是要連結以上這些源頭，獲得其力量的補充，個人的潛力也會伴隨這些源頭力量而增強，往內尋找即是無限，潛力就沒有盡頭，而能獲得最大程度的發揮，就像生態鏈一樣，具有共生、互生、再生的邏輯。瞭解人與貴人生態鏈的一體性，就是覺察到：內在情感與信息的互動機制和運行規律，會轉化為外顯行為，影響一個人的工作、情緒及人際關係的好壞。

簡單講，揭開深層心智的「貴人生態鏈」，正是對個人生命具有深層影響力的關鍵原因，我們能藉此取得了參與調控遺傳信息的權柄，這也是修練開發密室與松果體的目的之一。

換句話說，我會發想到貴人生態鏈，是根源於心與宇宙靈魂融合歸一，我們不要輕易把任何一個意識當作垃圾來清理，每一個意識都是一種精神象徵，正如黑格爾所說的：人類精神財富的寶庫，就是在不斷被人索取，同時不斷接受回饋中，逐步豐富起來。我經常在思索，那本天書要傳達何種智慧和訊息？或許「貴人生態鏈」就是最好的註解。

3. 心靈成像能力

那種預知未來的超能力，其實會讓你在腦海中看到畫面，但不到一秒就消失，即便你感應到了，畫面也不會太清晰。即使你記得畫面，卻不瞭解密室能量欲傳達的信息，就算預知了未來，也會因為不知其所以然而無法成為先知。

許多人最好奇或深信不疑的，也許是通靈人的預知能力。這個能力是一般人心理活動中，不能認知或沒有被認知到的部分，是缺乏一種心靈成像的能力，在大部分人的腦海中浮現後一閃即逝，不過某些人能夠看到一閃即逝的影像。

所以通靈人的通靈現象看似神秘，其實是每個人都有且不必經過學習就擁有的能力，這是松果體發揮了掃描從密室中升起來的圖像之作用，並將其顯化到顯意識中。

因為在松果體的前方有一個生物磁場，它可以聚集射線，並發揮掃描圖像的作用，再進行圖像內容的分析、詮釋，並解讀圖中的信息，可以讓人進行一場與內在潛意識的對話，發掘自身的內在情節，更簡單的說，就是看圖解讀從密室浮上來的潛意識信息與圖像中反映的身心狀態，因此而預知未來，例如工作、感情、健康、人際等，並做出正確的決定。如果能掌握松果體的功能與運作方式，也就能夠為生命帶來改變。

人的潛意識是人類幾千年積累下來的智慧，包含的信息量遠遠大於人的顯意識層。而密室能量可說是集情感、思想、本能和記憶於一體的流動式倉儲，是有生命以來的完整信息庫，儲存、記錄了完整的多重自我，就如同宇宙的超級電腦一般，內容包括圖像、文字、聲音。心理學上把這種無意識的心理活動稱之為「下意識」或「潛意識」，這種活動變化是複雜、微妙且轉瞬即逝的。

有時，我們可以從腦海中看到形成的圖像，它跟夢一樣，能真實反應人的內心感受、情緒，這就是郭老師提出的「潛意識翻譯」（看圖解讀身心的狀態），也因此，我們預知未來的能力可以經過鍛鍊、集中潛意識裡的心靈能量，而做到某種程度的「未卜先知」，進而趨吉避凶。同時，我們不應僅限於預知未來，更應該著重於「心能任運」。

如果能提升修練的素質，再結合科學認知，就能對松果體的信號傳輸模式有進一步的理解。其實松果體掃描出的圖像清晰度不同，對人體身心形成的影響力也大不同。如果密室發出的訊號不明確，指令不精確、模糊，松果體掃描到的圖像也會模糊不清，無法獲取完整的信息，那麼松果體的執行力就比較差。如果密室發出的訊號明確，松果體掃描到的圖像很清晰，卻是負面的幻景，我們首先要做的是想另一個好的思維圖像，去取代、更新松果體掃描到的那些讓你感到不舒服、認為是不祥之預兆的圖像，就能使心中隨時保有正向積極的狀態。

4. 透過本身的專業技能來感知未來

在各行各業中，都會有像先知一樣的人能夠知道未來的趨勢。例如，中華五千年的文化歷史裡，出現了很多洞曉天機、神機妙算、未卜先知的那些奇妙本事。不過，鮮少人注意到的是，中國古代有很多神奇的技術，是透過「察顏觀色」就可以決生死、知未來，例如傳統中醫學和占卜往往被視為具有此一功能。這並非僅僅是一種望聞問切、占卜術的神機妙算，而是對人體病理、生理的科學把握。尤其傳統中醫學經過多年臨床經驗的嫻熟運用，正是對生命的本質、形式化規律特徵的探索結果。

很多神醫都被冠以預言者的角色。東漢醫學家張仲景被人們稱為中醫的「醫聖」，傳說他能夠預言人的生死，其中最著名的就是為王粲（仲宣）診病一事，被記載在西晉皇甫謐的《針灸甲乙經》序中：「仲景見侍中王仲宣，時年二十餘。謂曰：君有病，四十當眉落，眉落半年而死。令服五石湯可免。仲宣嫌其言忤，受湯勿服。居三日，見仲宣，謂曰：服湯否？曰：已服。仲景曰：色候固非服湯之診，君何輕命也！仲宣猶不信。後二十年果眉落，後一百八十七日而死，終如所言。」中醫知人生死，神乎其技。

就如同古代中國術數以人的面貌、五官、骨骼、氣色、體態、掌紋等推測吉凶禍福、貴賤夭壽，並預知一個人的過去和未來。任何行業要達到感知未來的境界，必須經過長年學習及鍛鍊，了透其義，才可以對預知未來的超能力融會貫通。但如果沒有一點點天賦，光靠勤奮本身無法培養出專業技能。要在各行各業有非凡的成就，除了努力研習成為箇中翹楚的關鍵因素之外，仍然與密室能量有密切關係。密室是自從有生命以來的完整信息庫，儲存、記錄了完整的多重自我，是一個人本源天賦能力之所在。每個人都能以自己的天賦能力，培養出專業技能來感知未來，甚至讓能量在密室與松果體之間循環流動，並朝往終極目的——天門，與宇宙意識合一，獲得超感秘修預知未來的能量。

第十五章

直達天門，開啟宇宙的鑰匙

開啟密室，讓它與松果體連結，藉此使得潛意識從密室的束縛下解放出來，靈性有了轉化之後，就可以通過內觀，觀察到跳動的能量就像細絲一樣，會產生各種各樣幾何圖形的纏繞能和振動能，這就像是物理學提出的弦理論（主張「弦」以不同的振動模式，對應到自然界的各種基本粒子）。在力的作用下，能量向上傳至大腦，腦容量的增加和大腦神經迴路組織的日趨複雜，讓大腦執行功能可以更有效率，才能更進一步地徹底改變空間通道內的各個器官和系統，如免疫系統、中樞神經系統等，幫助身心磁場穩定，從而獲得高頻率振動的能量場，如此一來，就有能量與力量清理累世的習性，並積極地重新改寫自己人生，進而幫助靈性進化、成長。

當你能夠約束、收攝、凝聚自己的能量，了解松果體，才能灌注能量到頭頂百會穴（位於頭頂正中央）至上星穴（在前髮際正中央直上一寸處）之間的一塊空間。古代修道人把百會穴稱為「天門」。「打開天門」成了眾多修練者追求的目的，此穴經過特殊的鍛鍊後，可以開發人體潛能，增加體內的真氣，調節心、腦血管系統功能，益智開慧，澄心明性，輕身延年，青春不老。佛家稱之為梵穴，俗話稱天靈蓋。練氣功打通天靈蓋，道家稱開天門，佛家稱開頂。我個人則是體悟到當松果體開啟，天門也會同時啟動，因為松果體與天門是一個縱向太極S軸陰陽魚的黑白兩點。

小時候，我因意外造成頭部受傷，出現輕微腦震盪，以致長大修行到某種程度後，不管白天或夜裡，總是感覺有一根槌子不定時就往我的頭上槌，不斷從頭的內部傳出轟隆轟隆的聲響，尤其到了夜晚，發生的頻率和強度更加頻繁。也因此，頭昏、頭脹、頭痛的問題困擾了我兩、三年，每到深夜，我就會突然開始頭痛，痛到最後就昏睡過去了，清晨時，我也幾乎是在難忍劇烈頭痛的情況下醒過來。但是，在我頭昏、頭脹、頭痛後，竟然也帶起了一股螺旋的能量在頭部旋轉，有時候我會親眼看見一縷白煙從眉心印堂的位置冒出來。

經歷這些過程後，我在靜坐時，偶而會內視到像一道門的黑色四邊形光影的幻景在大腦一閃即逝，但我還來不及捕捉那是什麼信息，黑色四邊形光影就消失了。我也曾經在大白天的時候，走在大馬路上，外視到一道門的幻景就像海市蜃樓般浮現在眼前，我刻意停下腳步看，但那一道門瞬間就消失得無影無蹤。

在與那一道門擦身而過之後，我心想這個幻景存在已久，苦苦思索卻得不出答案，總覺得自己深陷其中，心不斷上下浮沉。但與其讓那一道門的幻景不定時出現在腦部或浮現在我眼前，不如整個意識直接穿越黑色四邊形光影。有了這個意念後，某次靜坐時，當我察覺到黑色四邊形光影當下的那一刻，我的整個意識就直接穿越進入，進入之後，發現裡面別有洞天，有很多門和通道，門門皆通，我在通道中也驅馳自如。

因為黑色四邊形光影只顯現在腦部松果體的位置，我心想，難道這就是矽洞？然後心生一念，既然已經進入矽洞內，就應該把握此機會好好參訪一下矽洞內的情景。我在矽洞裡駐足許久，那裡就像是山中隧道一樣，但是我找不到矽洞的出口在哪裡，只好結束靜坐，把意識回收到腹部。

不過，自從我穿越那道門之後，第二天晚上靜坐時，就產生了不同以往的狀態。我一盤起腿時，瞬間一片光芒充盈整個視線，我深入自己的內部細看，看見肺部的實像，它是由一群懸浮著的光子粒子組合成的，並且不停地跳著。心臟內部同樣懸浮著不停跳著的光子粒子，只是顏色不同。

在確定黑色四邊形光影的那一道門後就是充滿神秘性的矽洞，同時也漸漸熟悉矽洞內的一些情況後，我在靜坐時看到黑色四邊形光影的那一道門，就會在意識清醒的狀態下越門而過。當我的意識進入矽洞之後，在那裡的通道驅馳自如時，氣在大腦內流竄翻滾的感覺特別強烈。為了窺探究竟，理解前因後果，讓我有持續修練下去的動力。

但當我的意識順利進入矽洞之後，就發覺另一端也是正方形的洞口，卻沒有門，只有厚厚一層霧濛濛的白色能量。但我的意識該怎麼穿越進去？我好不容易達到頂峰，迫不及待地想要入內一窺究竟。情急之下，我只好用意念去撞擊那厚厚一層霧濛濛的能量。瞬間，那無形的門發生了火花強烈放電的現象，這陣閃電過後，我的意識則順利進入了矽洞的另一端，接著，我又看到一個圓洞，那裡同樣瀰漫著一層又一層霧濛濛的能量，因此必須集中注意力才能突破它。每衝破一層，我就明顯感覺有股氣從松果體往上頂。這時候，我才確定這股從松果體往上頂的氣，是要通往天門，當下我才明白為什麼自己始終找不到矽洞的出口在哪裡，因為矽洞的出口是往上，通往天門。因此，我又確定了矽洞與天門之間存在另一個密室，就像腹部密室橫向太極S軸，只不過矽洞與天門之間是縱向太極S軸的關係，是宇宙大自然信息能量的輸入口。

順帶一提，在頂輪啟動前，以及膻中（心輪）通暢前，都會有發沉的感覺。

我也發覺頂輪啟動後和心輪一樣，都會呈現出乙太體，頂輪就像地球南、北極的高闊天幕一樣，競相輝映著五彩繽紛的光弧。有光芒像探照燈在空中晃動，也有像彩帶在空中飛舞，或像帷幕隨風飄拂，構成一幅瑰麗的景觀，看起來就像是極光。之後，我才發現通往天門的圓洞，是一個連接宇宙意識高維度能量中心的橋梁。同時，我還發現松果體與天門穴的空間通道不同於密室，而是以一層層濃厚能量凝聚成一道門。如果我們在靜坐過程中，看到黑或白的門（洞），就代表自己到達了至高境界，一定要讓你的意識要穿越過去，應該進入傾聽並與靈魂建立聯繫，不必擔憂那裡會像密室那樣，打開門彷彿打開了潘朵拉的寶盒。

到了至高境界後，我發現自己的空間通道裡仍然有許多微型黑洞小小人，不同的是，這些小小人的背部顯化出一對像是翅膀的乙太體，之後我更觀修到成群的小小人朝著我的松果體飛來，如諸神歸來般。

更令人驚奇的，我在發現人體內在不僅存在多個白小孩、黑小人之後，更發現了空中顯出的那一道門，也呈現黑白門（洞）的不同，而且出現白門的不遠處，必定會有一道黑門；相對地，出現黑門的不遠處，必定也會有一道白門。黑白門就像陰陽一樣相伴相生，人體內在不僅存在眾多白小孩與黑小人，同時也有很多組黑白門。

但是，對於黑或白的門（洞）的洞見，令我思考許久，最後我終於明白了領路的幻景和靈性的引導，必須都要有出口，就像天「目」也要有天「門」，才能開啟宇宙心靈的智能引導，也就跟寺廟所有的神明都要面對大門一樣。

雖然我以氣功站樁做為修練的開端，心裡也始終明白悟性的高低決定了修行進展的快慢，因此我又學習了醫學養生、靜坐修練層面，以增強自己在觀修人體內在宇宙時的領悟能力。

在經歷過小小人、黑色四邊形的一道門，深入矽洞內且直達天門後，我才能夠提出精細管理內在動力的見地，並且依照自己的實際體悟提供更精確的修持方法：精細管理內在動力五個步驟（詳見第十二章）。

同時，精細管理內在動力五個步驟的修持，也持續幫助我提高觀修人體內在宇宙的領悟能力。在松果體到天門之間的通道開通後，有一天，我在睡夢中意識突然清醒，隨後天門出現一個圓形洞口的幻景，從洞口往上看出去，那裡有一座如同在仙境一般的山，因為它充滿靈性之光，我稱之為靈山。雖然我無法一覽而盡，但在若隱若現的雲霧中，我發現那座靈山裡還有幾處奇異光點。我凝視著靈山，心想這是否就是意識出體後的另一個生命旅程，我知道自己正處於生與死、滅亡與不朽之間的那個平衡點，或許我無法奮力對抗死亡，但是我可以選擇走向另一個新的生命旅程，也可以修得不朽的境地。

當我正思考著要到達那個奇異光點時，突然有一隻如來神掌般的手出現並阻擋我，我也發現從自己的密室裡輻射出桃花色乙太體且正快速地往上移動飄離出體，於是趕緊把意識回收到腹部，天門的圓形洞口也隨即關閉。

事後，我一直在日常中思考，這隻手曾經多次出現，甚至想要迅速地把我往上拉升，但因為那隻手是來路不明的信息，也不知道它要把我拉往何處去，因此我斷然拒絕。而這次它顯然是在發出警示，要我注意到自己的乙太體正往圓形洞口移出。

思考後，我悟出兩個答案，一個是說明我仍然在五行中三界內，就像孫悟空跳不出如來神掌，另一個答案是我還可以再往上提升，但不是透過意識出體的方法到達那座靈山的奇異點，那麼這個功法又是什麼？我修練三十年最大的成就是發現「重安爐鼎，再造乾坤」，「再造乾坤」的功法在第二章已經詳述過了，那麼「重安爐鼎」該如何才能完成呢？這將在第十六章揭曉。

隨著我的松果體持續活化後，這隻手出現的機率也提高了，可以在腦中打出許多手印。這個過程是很值得參考的，不能因為這隻神秘之手阻擋我的能量飄離出體，就認為它有利於修練。要是沒有經過驗證，缺少正確判斷眼前物的能力，意識便會跟隨這隻手的指示行動，對靈性的發展來說，很容易就會偏離正軌而鑽進死胡同。

在我的靈性感知力繼續強化並逐漸進階後，不僅無字天書和這隻手都會顯現並給予教示，我也能把秘藏於其中的真相，轉譯為世間文字，這種從「空」轉換到「有」的解碼力量，也會幫助我們認知到感官毫無所知的高等智慧，例如，天門的開啟就讓我認識到生命的特定法則。

天門開啟前，我感應到膻中（心輪）到胸骨上端，與松果體到天門（頂輪），兩者間形成一種特定的對應關係。我還覺察到，只要天門與松果體進一步獲得活化，免疫功能總管的胸腺、密室右側闌尾處和密室左側輸尿管部位，都會跟著活化起來，我會明顯感覺氣的竄動，而且相應部位會特別癢。

在親證體悟下，啟發了我，要如何從這樣的對應關係中開啟天門穴，甚至與宇宙的連結。

頂輪開啟智慧，增加思考力

頂輪主要掌管智慧，和世界融為一體的感覺，同時接受來自宇宙更大的能量灌入。打開頂輪，就能開啟靈性的經驗，當天門（頂輪）上下開闔像呼吸一樣，你就能夠感應到內在生命能量的流動變得強而有力，身體有能量滿滿的感覺。

我翻閱醫學書籍查證，發現之所以有此特殊感應，是因為天門能連動細胞內部的粒線體，粒線體製造生命能量的功能可能因此增強，因此牽動到免疫功能總管的胸腺和能分泌免疫物質的闌尾是打開天門的關鍵要素，這樣的看法是有醫學根據的。

換言之，當你感覺到密室兩側的闌尾或輸尿管部位，明顯因為氣的竄動而特別癢時，代表天門正處於活躍期，如果你能掌握好這個時機點來靜坐，必然有所獲益。

同時，若想開啟天門，首先要清理淨化密室兩側的闌尾與輸尿管部位，保持這兩個陰陽魚氣機的暢通，就等同於在修練天門穴，並維繫了身體健康。然而，若要上升進入天門，必須經歷頂輪與膻中（心輪）和密室關係的提升。

啟動神聖大自然的療癒力

密室左側儲存了祖先基因遺傳下來的精神和記憶，密室右側則儲存了大自然的各種能量，是人體神聖能量的療癒力之所在。密室彷彿就像是一座祠堂。

為何會有這樣的序列安排？一切都是造物主的精心設計，然而，其中所潛藏的奧妙，直到我進入靈魂深處並翻閱醫學書籍查證，才獲得啟示。闌尾是分泌免疫物質的工廠，它所製造的免疫物質則會輸送到胸腺，因此這些能量是否可以讓生命層次快速提升，就看胸腺（主喜樂），以及天門所連動的細胞內部的粒線體，是否能激發闌尾分泌免疫物質。所以製造神聖能量的療癒力，是天門、胸腺與闌尾的協調力結果。

所以當我感覺到密室左側輸尿管部位明顯出現氣的竄動時，就特別容易感應到先祖的信息，夢見自己進入家廟祭祀。這表示ＤＮＡ信息處於活躍期，可以連接到先祖所傳送的電磁波。其實，這也是一種清理淨化的過程，所以密室左側就會產生氣動、特別癢的感覺。更關鍵的是，在密室右側神聖能量帶動下，左右兩側能量形成的螺旋鏈，能上達天門與宇宙連結。

在輸尿管的腹段始於腎盂下端、腹後壁的深面之中點附近，經腰大肌前面下行至其中點附近，與睪丸血管（男性）或卵巢血管（女性）交叉，因此其中隱藏著生殖醫學DNA信息，屬於先天風水。這種血肉相連的微妙影響力，對日常飲食等生活習慣和體質有極大的滲透性，尤其影響了成年以後人生運途的走向，因為當人的氣血衰弱了，這種影響力就會反客為主。

密室、松果體、天門

一開始就先設定好從密室通往松果體的空間通道，而連結這兩端的通道，也是所謂的蟲洞，當這兩種不同週期的能量波相遇時，振動頻率較快的松果體，會將能量傳遞給振動頻率較慢的密室，使密室的速度得以提升，經過彼此同頻共振，密室能量可以從低頻轉換到高頻。那麼，低層潛意識就能獲得提升，並從中得到正面的啟發，使心靈得到了淨化。

密室在經過與松果體共振後，就變得可以大量輸出能量，因而我逐漸認識到，從密室釋放、輻射出一本本煙霧般書籍和筆的幻景圖像，會經由膻中送到腦內，然後在腦內顯現出高清圖像，松果體掃描獲得的圖像越清晰，圖像品質越高，信息越強，穿透能力會越強，寫作力、解悟力及邏輯思考力也會跟著提升。

這是密室大量輸出能量信息到松果體，而密室輸出的能量信息也決定宇宙輸入什麼樣的信息能量到松果體，這就是所謂的吸引力法則，相同頻率吸引同類事物，緊接著，是透過修練才能觀看到的幻景，腦部會顯現出星際之門，進而從宇宙輸入成堆書籍進到腦中。這種輸出、輸入的關係，就像是從密室輸出一本書籍後，宇宙輸入二十本的書回饋給密室。輸出、輸入是一種心念的力量，向神明、先祖、宇宙投射何種心念，這些心念力量最終都會回到我們身上，又都回到源頭——密室，這就是吸引力法則最玄妙之處，但必須要有一個明確的目標、具體圖像與行動力。

例如，經常有小小人坐在同一個會議桌前進行面對面交流的畫面，顯現在我的眼前，有一天，這些小小人手中都拿著一本書，像是在進行讀書會。我受到天書的啟發，從起心動念到實際行動成為一位作家，到後來出現小小人也都拿著一本書的圖像畫面，這就是意識和潛意識朝同一個明確的目標前進中，逐漸就能達到同頻共振。所以，小小人像在進行讀書會這個不可思議的現象，讓宇宙也送來了終極實相的天書。

密室像是一座「信息發射臺」，當它與心輪、眉心輪共振，其能量就可以從低頻轉換到高頻，我們能以同性相吸的原理，吸引宇宙中與我的思想相同的頻率，就可以感應到頭頂頂輪上方有股能量光，從體外向體內爆發、感覺有股巨大能量垂直降下，宇宙能量輸入了一、二十本的天書，並且有序列的排放整齊。爾後，我發現頂輪就像密室的模擬器，密室輸出什麼，頂輪就輸入什麼，一個輪出、一個輸入，輸入方向不同，同時宇宙輸入的圖像清晰度、明亮度，也高於密室十倍以上。我也發現到一個宇宙的奧妙，就是腦部會直接顯化出那些小小人彼此手牽著手連成一個大圓，跳過了小小人從腹部上升時轉化成光波、熱能、動能的過程。這個畫面讓我聯想到天使頭上的光圈，以及佛菩薩畫像中頭上的大光圈。我頭上的大光圈，象徵了陰陽的合一，是太極內S曲線那黑白環弧形連結成的彩虹光圈，連結了密室橫向S軸，以及松果體、天門縱向S軸白門（洞）和黑門（洞）的多維空間通道，所以空間通道的建構就是穿越蟲洞，能讓生命不斷成長前進，到達另一個高度，迎接新一波的覺醒期。

開天門的方法・五馬奔騰

意想：腹腔是一片廣大的草原。依次想像紅馬、黃馬、綠馬、藍馬、白馬的情境。首先，有一匹紅馬在腹腔中的大草原上，跟我們的身體朝著同一方向看，並沿著內側呈螺旋式上升（逆時鐘旋轉而上），轉到頭頂，出天靈蓋，再沿著反方向往（順時鐘方向旋轉）下轉到五臟。紅馬歸心，黃馬歸脾胃，綠馬歸肝膽，藍馬歸腎，白馬歸肺，引動人體五臟六腑的細胞運動，從而達到五氣朝元，並讓五馬轉到天靈蓋（頭頂）。紅馬、黃馬、綠馬、藍馬、白馬再回歸於前面提到的五臟藏神之所，使氣得能回流而各歸五臟六腑之氣，宇宙聲光電等氣也要全都採入體內，並灌通自己周身骨骼百脈五臟六腑。所以開天門的同時，也要鍛鍊五臟六腑細胞運動。

跑五色馬時，依次為紅、黃、綠、藍、白馬等，反覆運動三或七次，切記顏色的順序不可顛倒。

隨著個人想像力的不同，可隨意想成五跑車奔馳、五火箭升空等，只要顏色順序和路線正確，任何具有先進快速的想像對象，都是值得嘗試。

第十六章

迎向那個覺醒的旅程

空間通道的建構與功法練習的最終目的，就是迎向那個覺醒的旅程，創造人與宇宙之間的一條路徑。

當你把密室校準到松果體，這兩個點就會形成一個空間通道，這是一條覺醒大道，能夠約束、收攝、凝聚能量於空間通道之中，密室橫向陰陽太極、松果體縱向陰陽太極、松果體與天門之方圓，在此交替作用下予以巧妙的統合，在彼此矛盾中求得平衡、和諧。不僅能勘破一切假象，也能有所選擇，知道自己在哪裡、要往哪裡去。所以，從密室一道道「門」連結到松果體的「洞」，才會朝著至高境界的一層去修練。

更不可少的是，要透過陽氣歸天、引陽入陰這兩個站樁法（三十頁）來練，讓自己具備了形成能量「入出口」的動力。

一旦取得這股覺醒力的進化動能，就可以開啟一條更有根源且有效的淨化和療癒動能，讓人回到內在最深處的啟示與指引，去察覺內在湧起的種種細微狀態，並深入到密室尋找龍穴點，讓生命能量保持在巔峰狀態，就像陽氣歸天、引陽入陰而循環不息，也像鐘擺裝置一樣。梳理了內在空間通道，有助於打破對靈性世界的意識形態和框架，可以認識到人體的內在小孩，更深層地認識空間通道裡微型黑洞小小人的不同，這關係到心與萬靈融合修練、意識與潛意識萬念歸一心。然後，你就有越多的能量可以進行預知能力的超感秘修，而這也是讓你的心保持清淨、覺醒向前的動力，更是決定密室能量能否直達終極目的——天門，獲得開啟宇宙的鑰匙，創造人與宇宙一條路徑。

理解了空間通道的功能作用後，再按照以下四個層次逐步深入，就更容易修得成功。

一、不隨意出體

首先是你可以很清楚地覺察能量運動時的狀態，並且具有改善或維持平衡能量的功力，包括修練到掌控出體程度。很多人對靈魂出體總是有一份嚮往；嚮往自由自在地飛翔在天空、心胸開懷且無憂無慮盡情地飛翔到嚮往之地。

靈魂出體，也就是一般人所說的「靈魂出竅」。最簡單的解釋，就是感覺到自己的「意識體」或「靈體」離開了自己的肉體，在自己的肉體之外活動的行為及經驗。但要有膽識面對浩瀚的飛行與未知的一切，而要獲得膽識，就需有證悟，或是先有膽識再證悟。若沒有證悟的智慧，沒有證悟實相的上乘法門，又怎麼能夠將你在冥想或清醒夢中獲取的靈魂出體經驗，融入到生活中。充其量你只能描繪出體後的境相，卻無助於生死的解脫。

曾經有位同道的朋友，在送貨途中因為入定而出了重大車禍，車身撞得面目全非，幾乎全毀，救護人員以為他身亡了。但當救護人員鋸開車體時，他突然清醒過來，才得以順利脫困，幸好人只有輕傷。他之前也發生相同的情況，在開車時不知道怎麼就突然入定了，然後啪的一聲，連人帶車摔了出去後，也不知道怎麼突然出定了。萬幸的是，懸崖邊恰巧有一棵樹，卡住了他的車，將他連人帶車勾住了，也避免了一起墜崖慘劇。由此可見，入定是突然發生的，也會遇到許多不同的境遇，但在無法掌控的情況下入定，對修行者來說並非好事。

不光是入定的問題，靈魂出體的問題也是修行人遲早要面對的，只要時機成熟、火候到了，就會自然而然地發生。最令人感到害怕的是，不知道怎麼就突然出體又突然回來，就這樣莫名其妙地出去轉了一圈之後，糊里糊塗地回來。關於靈魂出體又回來的狀況發生時的內在變化，才是我們亟欲探索的部分。

一旦功力提升到一定等級，會不自覺地糊里糊塗就出體了，我就有過這樣的經驗。在沒有準備的情況下出體，出體後卻有烏雲擋住，也不知道這個烏雲是什麼，從哪裡來的？我重重地跌回體內後，整整一年，我全身上下都軟如棉花，使不上勁。我因為能量流失而造成上下陰陽失調，能量都集中在上半身，使得上半身充滿燥熱感，而下半身非常寒，出現腹感寒、肢冷、腰脊痠痛無力等下虛的情況。當時，我抬頭仰望著天空，總對空曠空間感到莫名的恐懼，覺得自己渺小得如同滄海一粟，快要被這個無限的空間給吞噬了。因此，我體悟到，每出體一次就會讓身體變差而耗掉更多能量，並非想像中有趣，同時還會傷害身體，為生命帶來危險，而且越是下虛，就越無法意識和掌控出體的行為。唯有切身地意識到出體現象的徵兆，才能控制住出體現象發生，身體才會逐漸恢復過來。

在靈魂出體前，通常在膻中部位會先示現一個幻景，當你內觀到一個透明的白灰色小圈圈在身體內移動時，最容易發生出體現象。有時候，在靈魂出體前，也會感覺有股能量頂住囟門。即將出體的過渡期中，有時會有清醒的感覺，當意識到自己將要出體時，身體的膻中部位通常會感到麻痺及微痛感，在這段時間內，最後保留下來的感官功能是聽覺，所以還能聽到附近的聲響，以及震耳欲聾的轟轟聲。這猛烈的轟轟聲就像飛機起飛時的噪音，在靈魂不斷向天空飛行的同時，轟轟聲就像洩了氣一樣慢慢消失，直到最後安靜無聲。就此同時，聽覺也完全關閉起來，聽不到身體周圍的任何聲音，進入一個更細微的層次，卻也遇見大塊濃厚的雲霧威脅生命的可怕力量。

許多修練人都跟我一樣，曾經面臨在睡夢中、半夢半醒之間糊里糊塗地就出體了，健康因此亮紅燈而不自知，因此，對於自發性出體現象的掌握不僅重要，更是必要！所以修練時，有必要先設定建構好空間通道，才能夠約束、收攝、凝聚自己的能量於空間通道，才能辨識在心中出現的每一個覺受和念頭，甚至在夢裡都能洞悉內在信息的異動狀態，進而控制不自覺就出體的現象。這也表示你能夠約束、收攝、凝聚自己的能量，才有能力去做自己想做的事情。

二、回來做自己

修練到一定的階段後，隨著生命力的強化，人的免疫力也隨之增強，你就有充足的能量來啟動開發智慧潛能。但是，接下來要面對的是，如何才能做到不為他人的價值限制，不被世俗的利益綑綁。如果過度地追求，不擇手段地非要達到目的才肯罷休，那麼，我們就可能在自己的人生路上失去一些非常重要的東西。若不知道自己的人生目標是什麼，便不知道未來該往哪個方向走。我們必須「回來做自己」，才懂得什麼叫做心靈真正的自由。

潛能開發的同時，也要保有自我的本性，讓天賦自由，就能夠有所成長。就像《莊子．逍遙遊》提到的「大瓠」、「大樗」啟示。

原文如下：

惠子謂莊子曰：「魏王貽我大瓠之種，我樹之成而實五石，以盛水漿，其堅不能自舉也。剖之以為瓢，則瓠落無所容。非不呺然大也，吾為其無用而掊之。」莊子曰：「夫子固拙於用大矣。宋人有善為不龜手之藥者，世世以洴澼絖為事。客聞之，請買其方百金。聚族而謀曰：『我世世為洴澼絖，不過數金；今一朝而鬻技百金，請與之。』客得之，以說吳王。越有難，吳王使之將。冬，與越人水戰，大敗越人，裂地而封之。能不龜手一也，或以封，或不免於洴澼絖，則所用之異也。今子有五石之瓠，何不慮以為大樽而浮乎江湖，而憂其瓠落無所容？則夫子猶有蓬之心也夫！」

惠子謂莊子曰：「吾有大樹，人謂之樗。其大本擁腫而不中繩墨，其小枝卷曲而不中規矩，立之塗，匠者不顧。今子之言，大而無用，眾所同去也。」莊子曰：「子獨不見狸狌乎？卑身而伏，以候敖者；東西跳梁，不避高下；中於機辟，死於罔罟。今夫斄牛，其大若垂天之雲。此能為大矣，而不能執鼠。今子有大樹，患其無用，何不樹之於無何有之鄉，廣莫之野，彷徨乎無為其側，逍遙乎寢臥其下？不夭斤斧，物無害者，無所可用，安所困苦哉！」

要是過於束縛一個人的自我實現，將不利於潛能開發，因此，就會抱怨是基因遺傳、命運的安排，才會讓自己無論怎麼努力與拚命練習，都不可能擁有愛因斯坦的天賦。反觀大瓠、大樗的寓言，就值得我們省思，被大眾認為無用的東西，也會有「大用」的時候。這讓我不禁想起自己正值人生低潮時，覺得自己一事無成，不知未來的道路在哪裡，該往哪個方向走，甚至不知道自己想前往何處，彷彿置身於迷霧之中，或像是被一張充滿了不確定的大網所困住。直到我的密室釋放、輻射出一本本煙霧般書籍和筆的幻景圖像，我參透了「回來做自己」，並且讓顯意識、潛意識在同一通道上同步接收與修行，才有專注力，能夠凝聚能力、力量、能量和覺察力，抓住心流的感覺，順從它的流動，最終成為一名身心靈修練作家。

所謂的覺醒，就是約束、收攝、凝聚自己的能量，在形體和心靈和諧之後的這種狀態下，打開潛意識的寶庫，獲得了無比豐富的資源，勇於創造不同的可能性，朝著自己的夢想與未來，大步前行。

三、顯意識與潛意識達到和諧一致

潛意識對我們的影響無所不在，是心理活動的指南，擔任靈魂嚮導，引領我們走向內在天賦與覺醒的途徑上。但同時也不得不承認，即使能激發內在的力量，讓自己思維的高度提升，突破困境，活出更好的自己，但是人的心靈非常複雜，通常心靈的需求與追尋安定的生活背道而馳，也與個人所界定的舒適圈及價值觀有所牴觸。總而言之，很多人在目前遇到的困局，往往都是過去經驗的束縛造成的。因此，「困局」造成了密室與心和腦的牴觸、理智與感情的衝突、意識與潛意識的矛盾。

例如，當你的顯意識、潛意識裡的「我」，同頻接收達到同步了，你會感覺心情愉悅，一帆風順。當兩者不一致的時候，我們就會百般糾結，舉步維艱。就像你拉著一輛車，拚命往東走，後面卻有一雙無形的手在拚命往西拉。這雙無形的手，就是我們的潛意識。有些時候，我們會勝利，但是會感覺非常疲憊、痛苦。就像我們費盡九牛二虎之力，終於得到一件自己朝思暮想的東西，但在經歷最初的激動和喜悅之後，往往很快就會覺得悵然若失，或者很快就會失去它，因為它不是我們潛意識裡真正想要的東西。

我們一直以為，是我們意識上的「心想」可以「事成」。但實際上，真正發揮作用的是潛意識裡的「心想」。例如，我想要成為一名醫師，但潛意識裡並不這樣認為，而是希望當一名作家，於是潛意識就處處阻撓我去實現成為醫師的夢想，但我們很少能夠認識到這一點。當意識與潛意識不斷產生衝突和糾纏，會讓我們心身俱疲，痛苦不堪。愛因斯坦曾說：「假如你讓一條魚爬樹的話，牠會永遠相信自己是一個笨蛋。」確實，當你的顯意識、潛意識裡的「我」思想步調不一致時，就會像這條魚，不斷往不適合的地方爬行，在詭異的環境中找不到自己的存在價值，還以為是自己的能力有問題，導致信心全失、感到茫然無望，不斷產生不幸福、不快樂的思想元素，因而招來惡運連連、橫逆重重。

我也曾經宣誓要「懸壺濟世，救治病人」，也接收到許多百草和醫學的信息，因此報讀了廈門大學的中醫函授課程。到了第二學年，註冊費卻被莫名退回，我打電話到函授組，他們都說沒有退還我的註冊費。其實是我內心深層的潛意識經過交流、融合而達到心靈契合，所以潛意識就阻擾了我成為醫師的夢想，並主導我成為一名身心靈修練作家。

出書寫作成了我的主流意識後，我能夠重複且規律地進入心流狀態，也慢慢把百草和醫學的信息順勢融合在寫作中，並內化為寫作時的養分。在這段期間，我不可避免地遇到很多衝突和矛盾，甚至在寫作過程中，出現情緒波動、緊張、心情低落，曾經有一度出現想要放棄寫作的念頭，卻引起了一波強大的能量波，放在桌上的東西咚的一聲突然掉落下來，這正是「來自潛意識的警告」。倘若我執意放棄，那麼我的顯意識與潛意識將分裂並造成衝突。

如此強大的潛意識能量，背後有一個龐大的潛意識團隊在運作，所以我經常看到一本書、一支筆的幻象，以及如微型黑洞小小人的心思意念。當我朝著成為一位身心靈修練作家方向發展時，就是顯意識、潛意識萬念歸一，同時在過程中運用這個合一的「大意識」的巨大能量，來追求我想要知道的一切答案。

如果我執意要成為一名醫師，顯意識、潛意識裡的「我」思想步調不一致時，人生就會坎坷不斷。從能量學來看，身與心處於對立衝突之中，是導致生理、心理壓力，進而造成身心不健康的主因。

值得注意的是，當顯意識、潛意識萬念歸一，會讓你產生心中的靈感和高層的感應力，並增強預知未來的靈敏度。當你運用由此產生的能量和靈感，去溝通世間的一切萬物，以及大宇宙的磁場能量和信息，就能充實自己的凡心和靈感，而創造力、注意力、直覺力、洞察力、超感應能力也會獲得提升，是可喜的現象。但是在雀躍之餘，莫忘初心，方得始終，才不至於走上與潛意識背道而馳的道路上，如果沒有潛意識支持，就會失去支援的力量。

明白這些道理後，你還必須觀細微，隨時洞察潛意識的意向。我個人就有此切身經驗，當我成為作家後，希望能為我所寫的書籍增加精彩描述，所以起心動念想學畫畫。我一直認為自己走在正確的道路上，勤於練習畫畫，把寫作暫時放在一旁。我一直都沒有覺察到潛意識的異議，直到我前往戶外寫生時，才覺得事有蹊蹺。雖然我不常去這個寫生地點，但也不至於迷路，更離奇的是，我連續問三個路人，每個都指往不同的方向，大熱天下，我走在馬路上像鬼撞牆似的，最後不得不放棄。

巧合的是，當我興起了放棄的念頭，突然間當頭棒喝，才意識到是潛意識要我專心於寫作上，換言之，成為畫家不是我該走的道路。即便堅持下去，日後也會走得很艱辛，不會是一名出色的插畫家，潛意識更不會幫助我開發這方面的潛能。我的這個經歷和經驗，對於鍛鍊潛能通靈的人，無疑具有很好的參考價值。

當我們的潛能通靈力提升到一定程度，就算我出現想放棄寫作的念頭，潛意識的警告方式也會不同，因為乙太體提升到更精微的能量，只能透過細膩的心思來察覺。早期有位同道功力了得，有一天，他在睡夢中看見神桌上供奉的神仙全不見了，一覺醒來後，所有功力都消失了。後來才聽聞這位同道的親戚說，他過度重視金錢物質，有時違背內心做了一些事情。他會夢見神桌上供奉的神仙全不見了，其實是潛意識發出的警告，不願意和他繼續站在同一陣線。但顯然他並不了解自己的潛意識，反而嘗試以別的神秘玄學之力來喚回神桌上供奉的神仙。所以，鍛鍊潛能的同時也要了解自己的潛意識，才能掌握潛意識的動向。

畢竟，潛意識的力量是顯意識的三萬倍，顯意識暫時還不能指揮潛意識，因此顯意識難以達到一種超前的地步，以及一種超意識、與神同化的境界，事情的發展不會如顯意識的想法而去完成自己的想像和所願。如果我執意成為醫師或畫家，就會偏離潛意識航道，無法獲得潛意識支援的力量。然而，我們並非要全然聽從潛意識的安排，我們必須先進行心與靈魂融合的修練，讓意識與潛意識萬念歸一心，就可以獲得指揮潛意識的力量，使之成為能受控制的力量。我們從聽潛意識的暗示，到獲得指揮潛意識的力量，有一個層次之別。

像是每天靜下心來，如站樁、太極，瑜珈、靜坐、持咒念佛號、念經文、觀想光……等等，儘管修練方法不同，但都是在進行一些改變顯意識與潛意識頻率的作為。當顯意識、潛意識的振動頻率和諧，生成一個新的頻率，它們就會像共乘在一輛車上，能遵循顯意識層面的意向指引去行事。雖然這跟我修練的終極目的是一致，但是我認為有更積極正面的方法能提升自我，直接讓埋藏水面下、占百分之九十五的潛意識浮出水面。當埋藏水面下的潛意識從空間通道密室上升時，會引起頻率上升並轉化為光、熱能、動能傳送到腦部，若能善巧地運用人體密室能量本具的能力、力量、能量和覺察力，就可帶來最深刻的覺醒。如果修行的境界能達到這個程度，就可以獲得指揮潛意識的力量，使之成為能受控制的力量。那麼，一切才會如顯意識的想法、狀態下，去完成自己的想像和所願，尋求自我生命境界的轉化提升，迎向下一個覺醒的旅程。

四、仙靈氣自足的和諧境界

每個人對靈性圓滿的理解不同，所應用的方法也不一樣，通常有很多人把靈性圓滿當作是靈氣十足、仙氣滿滿的修練，但如果欠缺了心靈智慧潛能的修練，就談不上是靈性圓滿自足的和諧境界。就我認識到的仙氣、靈氣能量來說，首先應該對自己的身體有正確、健康的看法。

我們每個人都會遇到這樣或那樣的病痛，有些關鍵部位始終突破不了，用盡方法都未取得良效。就我個人的情況而言，有時我不理會哪裡的病痛，能量卻在睡夢中飛快地動了起來，啪啪啪啪一陣清脆的聲音響起，外加閃電打雷，突然一瞬間就通了！在養生修行上，也總有無巧不成書的時候。我曾經因為睡姿不良，一覺醒來，脖子的肌肉很緊繃，一動就痛。我心想，等吃完早餐後再來好好自我調理一下，但這個腦中一閃而逝的念頭，意外地將生命的自癒力本能激發出來，讓我接連打了三個大噴嚏。打噴嚏時，腹壓和脊椎的壓力，連帶調節了脖子的壓力，脖子肌肉緊繃的現象，竟突然好了！這是巧合嗎？

其實，這說明了體內有一種強大的慣性能量，這股潛在能量的波動能改變振動頻率，將你心身的振動頻率調成一致，並且召喚出潛意識來療癒所有的狀況。所以一個靈氣十足的人，縱使心身能量受到了外界負面能量侵襲的影響，但因為能量充盈，有一種強大的慣性，很容易就可調伏回歸到正面、積極的光明能量中，並依照潛在能量的波動及其振動頻率做出反應，對加速適應變化很有幫助，慣性能量將會為自己的自癒力發揮作用，是生命中一股強大的良性循環的能量基礎，也是對氣的修持力。

所謂的「氣」，除了是臟腑細胞的能量運動，也是構成生命能量之本。中國的老祖宗早就知道，宇宙間的一切事物都是氣的運動與變化的結果。人除了直接練氣的各種氣功外，還可以採收外氣，從天地宇宙空間、日月星辰及萬物之中，將各種不同能量流、信息採集到體內以自療強身，不斷汲取天地萬物之精華，激發自身內在的潛能，補自身不足，並培養充實自身元氣，以臻中國人思想的最高精神境界「天人合一」。無論採取大自然的何種氣，對於體內的氣脈都有疏通與強化之效，在森林中，除了芬多精外，空氣中的負離子含量也多，對練功練氣者而言極有效益。

此外，華人非常注重風水，包括陰宅與陽宅兩部分。風水與天人合一有什麼關係？又怎麼會與修練宇宙生命能量之靈氣、仙氣扯上關係？

陽宅學講究的是人與居住的環境彼此互動的關係，是科學且人性的。陰宅，就是安葬祖先靈柩的地方，也就是墳墓，是祖先得以長眠安息的地方。古人認為，將祖先安葬在絕佳的風水福地，必能帶給子孫後代吉祥如意。反之，如果風水不好，後人輕則諸事不順，重則噩運不絕、家庭破裂，對修練人來說也是值得關切的問題。

靈氣十足、仙氣滿滿，不光是臟腑細胞的能量運動、汲取天地萬物之精華。事實上，我們應該在覺悟之下，解放隱藏在密室之內的能量，把遠古高超智慧的文明、智慧寶庫裡潛藏已久的各式各樣未知力量，校準松果體，透過元氣升發，讓那些智慧傳承和先天之氣得以蒸騰上行，進而啟動陰陽的氣息交感，那麼陰陽二氣會在運動中處於相互感應、相互作用的狀態，並形成一種慣性模式，就像一個壓力自動調節器，身體所承受的壓力過大時，就會自動反應做出調節。

如果達到這種境界，那麼垂直肌肉鏈上的右肩胛、長強穴就會出現不自主的規律跳動，這不是我們本身意志所操控的，而是人體自動地調節氣血能量循環。當百脈氣血得以隨時自動調節，陽氣就會持穩地以螺旋鏈形式，上達松果體與天門後，再循環轉化為一股垂直鏈，使後背肌肉得以放鬆，也為密室能量帶來動力，帶動螺旋能量持續上升，周而復始循環不已，人體就會健康無恙。

若要為給人體建立一座充滿仙靈氣的保健站和能源供應站，並使垂直肌肉鏈讓你的後背部獲得放鬆，關鍵在於松果體與天門穴之間的縱向太極S軸。這正是道書上所講的修練人修到「重安爐鼎，再造乾坤」境界。意思是說，在父母賜予的生命裡，我們把氣脈修到重新變化，由自己的生命再複製出一個生命，不是經過娘胎的再造乾坤，而是在密室進行「陰與陽循環」（陽氣歸天、引陽入陰），最終由松果體重新再造你的氣脈，爐鼎就會從密室提升到松果體。也就是說，在沒有特意把氣導引至松果體的情況下，松果體的深層自然出現膨脹爆炸的閃電，就像雲團裡的閃電，接下來靜坐時，意念就要擺在松果體，就是重安爐鼎於松果體的意思，又稱為脫胎換骨。

這是我歷經三十年修練，以空間醫學（郭志辰老師編創的一套新型醫學）空間概念做為空間通道主軸，融合自身經驗，結合部分動意功功法，創立了「重安爐鼎，再造乾坤」的修練功法。在修練達到靈氣十足、仙氣滿滿自足的和諧境界後，到底能走到哪一步？其實我已經有了答案。

創造人與宇宙之間的一條路徑

經過三十年這麼長的時間修練後，最後到底能走到哪一步，或許重要，但也沒有這麼重要。畢竟沒有人能光憑堅持努力，就能走到這個地步。需要的是信念，但這個信念不是學習得來的，而是修練出來的，是不斷的反思，並透過實修和親證，慢慢培養出來的。

其次需要開啟靈性智慧，智慧的修練有一個歷程，也就是心與靈魂逐漸融合，突破封閉的慣性思維，就像宇宙大爆炸一樣，激發出本身具足的智慧，自然就能獲得天書。天書將會引領你的內在定力綻放，到這個時候，呈現出來的無字天書就不再是一個抽象的東西。不過，我認為最重要的是，無論你的宗教信仰為何，都要有一個屬於自己的信仰、理念，那是你所相信的事物、你的人生目標。只要朝著自己的路向前走，並且修練情緒，這會增強你的力量，讓你感覺內在根基更加穩定，也是提升實力的重要途徑。這也是我能夠堅持下去，走到今天成果的關鍵因素。

在還沒有練站樁之前，我也有自己的宗教信仰，並且在郭老師不凡的修行風範薰陶之下，積極地加入養生推廣行列，利用工作之餘到社區公園、社團廣授動意功、智能醫學、空間醫學，晚上寫稿。其實是郭老師給我勇氣去跨過恐懼，從養生保健方面來落實佛法真義。

我在經過長期探索人體奧秘，同時學習醫學理論，融合理論與實務為一體，並在郭老師的引導之下，走了三十年，距離終極目的——創造人與宇宙的一條路徑，只剩下和祖先之間的關係了。

如果你沒有認識到自己跟祖先的關係，就無法勘破地水火風四大元素，我相信那四大元素也是天書給予我們最後的答案。每個人的身體都是由骨、肉、氣、血組成，而佛法說，身體是由地水火風四大元素構成，而這些物質都是有能量的。事實上，身體是由地、水、火、風這「四大」，組成了肌肉、骨骼、器官、毛髮、水分、呼吸、氣脈、熱量等，所以地、火、水、風還存在我們的身體內。

若能修持得力，就會經歷如道教所言的「渡劫」現象——電雷、地、水、風、火五行之劫的淬煉。到了這個階段，你會經歷體內天空中閃過一道道耀眼的白光閃電，每一道閃電過後，接著又是一聲隆隆的雷響，在雷電光柱之中感覺骨肉麻木。雷光進入身軀，在一瞬間火光大作，一閃而逝。頃刻間，狂風大作，漫天塵土，天地彷彿被遮蓋，變得昏暗，什麼也沒有留下，而那些電雷射出如驟雨般的成片光束，光線從閃電通路中心產生了一條清晰的脈絡，就獲得了新的空間出口，微細身就能穿越蟲洞，朝著超感官新世界精進。

在還沒有渡劫之間，你不會看見自己和大地的連結這種幻景。大地孕育眾生，負載眾生，提供我們無窮盡的資源，儘管如此，大地所孕育及提供的資源，就是無法讓我們的身體與大地的自然能量相互銜接。現代西方能量醫學的概念，恰巧與中醫所說的「養生需要接地氣」的訴求不謀而合。接地氣，就是接地中之氣，借力使力來補元氣的方法。空間通道為密室開啟一扇自由解脫之門，不僅能接地中之氣，還經五行之劫水、風、火的淬煉，因此，地中之氣讓人突破了封閉的慣性思維，心與靈魂逐漸融合並提升到頭頂呈現一個彩虹光圈。

謹守著空間通道的功法：「陽氣歸天」、「引陽入陰」兩個站樁法（三十頁），以及五個具體冥想方法，開啟密室的方法「翻江倒海」、「入海探寶」（八十七頁），松果體的鍛鍊術「二龍戰珠」（一〇五頁），開天門的方法「五色馬奔騰」（二一三頁），心與靈魂融合的密修術「摘人參果」（一五五頁）。以上的功法練習，也是對自身精細管理內在動力的能量來源。這一貫修練空間通道的原則，相互吸引了密室太極S軸左右兩側白魚中黑點（輸尿管）、黑魚中白點（闌尾），從密室衝出的能量，將會形成龍捲風般的螺旋氣流，此氣流就是基因生殖文化的傳承，是密室儲藏思想、動力和恐懼的大倉庫，還擁有大量的資訊和知識，自然就會從空間通道上升到顱內，才能重新啟動並轉化DNA。

所謂身體髮膚受之父母，所以重新啟動並轉化DNA，應該從每個人身體的骨肉氣血進行氣脈的重整，就能直接觸及到佛法說的地水火風四大元素，我個人也是四大和合而成，並有自己的見解。之前所提的「重安爐鼎，再造乾坤」，就是指地水火風四大元素在爐鼎內經過一個扎實的實修過程。

空間通道就像是時空膠囊，聯繫久違的密室和松果體，超越了身心靈界線，當從密室衝出的能量一步一步地帶領我的心與靈魂融合，把更多的潛意識信息帶進松果體並上升到顱內，在頭上形成的彩虹光圈將與宇宙能量連結，並提升了松果體的振動頻率，松果體就會分泌青、黃、赤、白、黑、酪色、酪漿色七種像是水的精液，從空間通道的目的端「松果體」滴落水滴到密室。密室與松果體融合陰陽乾坤為一氣之後，則自然就會在空間通道之內上下循環對流，潛意識信息經由這七種像是水的精液淨化之後，會讓人當下心無所念，不糾結懷緬過去或擔憂未來，更不耽溺於當下情緒起伏，不失去平和，使心靈安住，就知道如何滅境，無字天書又會恢復到純粹的無字天書，再透過松果體矽洞這個通道，下推進入其他各個脈輪。這就像是禪僧通過雨落屋簷而開悟的那一段偈道：「檐頭水滴，分明瀝瀝；打破乾坤，當下心息。」

我在不同時期的不同階段，經歷了腦內分泌出青、黃、赤、白、黑、酪色、酪漿色七種像是水的精液的幻景後，經過查證後發現佛陀在律藏提到了精分七種顏色。我是怎麼修練成的？在第四章提到練氣養精不外洩，把促性腺激素釋放荷爾蒙這個能量煉化吸收，將之從外落到內收，從腎漏到進入腦髓中，從尾閭的孔穴進入脊椎管內，再沿尾閭上行於髓管之中，經命門、夾脊之後，再通過胸椎管脊髓中心向上，沿大椎走向頭部、小腦、百會，到達松果體，大腦受到氣的活化作用而變得更加活躍後，它會有更多的能量流動與物質循環，從上顎、上焦、中焦、下焦、丹田流入會陰後，再注入密室，所帶來的高頻精微的能量體，會持續參與髓腦循環。

腦內分泌出青、黃、赤、白、黑、酪色、酪漿色七種像是水的精液，就是來源於髓腦循環的修練，是先後天能量流動、物質循環和信息傳遞的融合，經過煉精化氣、煉氣化神、煉神還虛，這個虛是肉體修練轉入精神修練的開始。虛也是空的意思，還虛就是歸回於空，這個空就是空間通道和松果體的矽洞。

所以，四大元素的「水」是透過松果體分泌。從密室衝出的能量就是四大元素的「地」，「地」在空間通道中與這七種像是水的精液的碰撞和交融的過程中，形成電磁場在空間通道中四處亂竄，就是歷經四大元素的「風」，而互相推擠、彼此不斷進行碰撞，瞬間膨脹爆炸並發熱發光，就是歷經四大元素的「火」，因此空間通道提供了地水火風四大元素在人體內進行一場淬鍊，所以空間通道的功法練習，能重新啟動並轉化DNA，將人體的骨肉氣血進行氣脈的重整，就能導正蟄伏於意識底層的原始信息，進而活化神經的螺旋頻率能量，讓內分泌、免疫、消化、代謝、神經系統等產生和諧的能量磁場，精神與心靈層面展現最佳的機能狀況，進而激發、淨化且修復身心靈。如此一來，松果體才能往上連結到天門，同時會像模擬器一樣，給你回應並給予無限的能量，幫助我們達到良好的健康、美滿的關係、情緒和心理的穩定、安適，幸福感就會在內心誕生，創造力和內在天賦開始充分展露，並且創造及增加好運降臨的機率。宇宙能量也會通過天門罩下一道光束，當電磁輻射直接進入密室，就能開啟一扇自由解脫的大門，也是重安爐鼎的結果。

修練，其實可以很簡單。只要能掌握到密室與松果體這兩點之間的空間通道，並能夠清楚明白穿梭於空間通道裡的無字天書（也就是信息），能指引我們擁有健康、幸福、創造力、預見未來的能力。因為空間通道把密室能量與松果體、天門之間傳遞的無字天書相互連接起來，也是再次練習歷經地水火風四大元素之淬鍊，由自己的生命再複製出一個生命，就可以不用透過意識出體的方法而到達另一個生命的旅程。所以空間通道功法的終極目的，是創造與宇宙連結的一條路徑，也可以是生死解脫的修練功法。

很高興有這樣一本書，可以分享自己的親身經歷和修練經驗，給大家帶來由健康與智慧建構而成的空間通道。在此要衷心感謝編輯團隊的辛勤工作和努力，使本書得以順利出版。感恩郭志辰老師的教導，感恩一路陪伴和幫助過我的所有人，感謝有您們。